U0728765

言说教育

——泸州师范附属小学校推进素质教育探索

YANSHUO JIAOYU
—LUZHOU SHIFAN FUSHU XIAOXUEXIAO
TUIJIN SUZHI JIAOYU TANSUO

李维兵／著

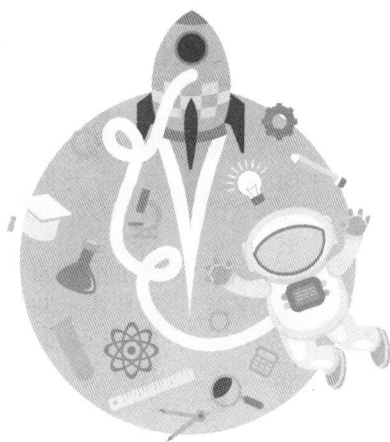

四川大学出版社
SICHUAN UNIVERSITY PRESS

项目策划：梁　平
责任编辑：王　静
责任校对：吴连英
封面设计：璞信文化
责任印制：王　炜

图书在版编目（CIP）数据

言说教育：泸州师范附属小学校推进素质教育探索 /
李维兵著. — 成都：四川大学出版社，2021.10
（名师教育丛书）
ISBN 978-7-5690-5154-4

Ⅰ．①言… Ⅱ．①李… Ⅲ．①小学教育－教育管理
Ⅳ．① G627

中国版本图书馆 CIP 数据核字（2021）第 233613 号

书　名　言说教育——泸州师范附属小学校推进素质教育探索
著　　者　李维兵
出　　版　四川大学出版社
地　　址　成都市一环路南一段 24 号（610065）
发　　行　四川大学出版社
书　　号　ISBN 978-7-5690-5154-4
印前制作　四川胜翔数码印务设计有限公司
印　　刷　郫县犀浦印刷厂
成品尺寸　170mm×240mm
印　　张　13.5
字　　数　259 千字
版　　次　2022 年 1 月第 1 版
印　　次　2022 年 1 月第 1 次印刷
定　　价　78.00 元

版权所有 ◆ 侵权必究

◆ 读者邮购本书，请与本社发行科联系。
　电话：(028)85408408/(028)85401670/
　(028)86408023　邮政编码：610065
◆ 本社图书如有印装质量问题，请寄回出版社调换。
◆ 网址：http://press.scu.edu.cn

四川大学出版社
微信公众号

让教育家型教师落地生根（代前言）

习近平总书记指出："百年大计，教育为本。教育是人类传承文明和知识、培养年轻一代、创造美好生活的根本途径。"① 教师是教育工作的中坚力量。有高质量的教师，才会有高质量的教育。2018 年 1 月，《中共中央 国务院关于全面深化新时代教师队伍建设改革的意见》中提出了"培养造就数以百万计的骨干教师、数以十万计的卓越教师、数以万计的教育家型教师"，"支持教师和校长大胆探索，创新教育思想、教育模式、教育方法，形成教学特色和办学风格，营造教育家脱颖而出的制度环境"。培养造就一支教育家型教师队伍，既是党和国家大力倡导的目标，也是新时代的热切呼唤、全社会的共同期盼，更是教育自身发展的内在要求。四川省泸州师范附属小学校作为一所区域优质学校，让教育家型教师落地生根，推进素质教育是其重要任务。

一、教育家型教师的成长目标

教育家型教师应该是有创新、有贡献、有影响的教育实践工作者，应该具有崇高的人格、闪光的思想和丰硕的业绩。教育家型教师应该有"三立""三情怀""四能力"。

"三立"："太上有立德，其次有立功，其次有立言。"② 教育家型教师应该具有立德、立功、立言的能力。国无德不兴，人无德不立，立功、立言的前提是立德，立德亦能促人立功、立言。所谓"立德"，是指教师要有高尚的人格魅力、坚定的教育信念、正确的价值取向，教师要营造良好的教育生态，将立德树人贯穿到教育教学全过程，矢志不渝致力于国家和民族的发展。所谓"立功"，是指教师通过自己的育人活动，培养德智体美劳全面发展的社会主义建

---

① 习近平：《习近平谈治国理政》，外文出版社，2014 年，第 191 页。
② 赵建永：《太上有立德，其次有立功，其次有立言》，《光明日报》，2019 年 8 月 27 日第 2 版。

设者和接班人，办学业绩显著，并在一定的区域内获得社会的公认。所谓"立言"，是指教师遵循教育教学规律，回应时代对教育提出的挑战，彰显自己的教育理解，践行自己的教育观点，形成自己的教育主张，凝练自己的教育思想，更多地示范、引领本地区一批教师，并带动区域教育整体向好发展。

"三情怀"："物格而后知至，知至而后意诚，意诚而后心正，心正而后身修，身修而后家齐，家齐而后国治，国治而后天下平"[1]，这成为千百年来中华民族有为之士的行为准则和目标追求。教育家型教师应该具有教育情怀、人文情怀和家国情怀。教育情怀主要表现为教师把教育当作一项伟大的事业，有自己科学的教育主张和办学理念，对学生、学校和教育的深爱，对教育发展的使命感和责任担当。人文情怀主要表现为教师尊重学生和家长，营造家校共育的良好氛围，培养学生个性独立、思想自由，为学生的健康成长提供适宜的教育资源、环境条件。家国情怀主要表现为教师关注民族的未来。

"四能力"：教育家型教师要更好地建功立业，应当具有领导力、思维力、创造力和表达力。领导力是文化品格，是教育家型教师角色定位的基本要求。思维力是创造之源，是教育家型教师持续发展的良好支撑。创造力是功德之基，是教育家型教师办学实践的价值导向。表达力是思想之翼，是教育家型教师思想阐述的个人素养。

二、教育家型教师的成长支撑

品格高尚。教育家型教师是教师队伍中的引领者、示范者，是广大教师的成长目标和矢志追求。教育家型教师要有不忘初心、牢记使命的爱国精神，心有大我、至诚办教的爱教精神，只争朝夕、时不我待的进取精神，不驰于空想、不骛于虚声的实干精神，功成不必在我、功成必定有我的奋斗精神。涵养高尚品格，激发内生动力，是教育家型教师成长的前提条件。

高端引领。理论素养不高是当前大多数教师不能更好发展的瓶颈，学校要全力做好促进教育家型教师成长的顶层设计和具体行动。学校要多方合力，聘请专家学者担任教育家型教师成长的理论导师，聘请一线教育大家担任教育家型教师的实践导师。学校要开展高端培养，设置成长课程，开阔教育视野，提升办学思想，带动教育家型教师理性思维的飞跃。

实践磨炼。教育家型教师成长最终要指向教学实践。教育家型教师要在理

---

① 曾参：《大学》，刘强编译，江苏凤凰科学技术出版社，2018年，第19页。

论导师与实践导师指导下，在成长过程中坚守"四个回归"、理实相融、反思跟进、知行合一、学以致用，在教学实践中思考，培养教学创新能力，深化教学理念体系。

成果推广。教育家型教师在成长的不同阶段，要将理论研修和教学实践感悟，转化成研究论文、报告、著作、课题、教学思想研讨会等有形的教育教学成果，以成果的凝练与展示，推进教学实践能力的不断攀升。凝聚教育智慧，做好示范引领，带动区域教育更好发声，以产生更大的辐射效应。

持久跟进。学校要建立教育家型教师成长的长期跟踪机制，为教育家型教师的成长提供持久、稳定的智库保障和展示平台。着力解决教育家型教师成长中的实际困难，举办教育家型教师教学思想研讨会、教学成果分享会等，促进教育家型教师成长和学校发展，推进示范引领，推动区域教育高品质发展。

三、教育家型教师的成长路径

教师要成长为教育家型教师，需要从主体内生性养成和外塑性制度建设两方面着手。主体内生性养成基于教师的自主学习及自我反思来培育教师的专业素质，外塑性制度建设基于教师培训及评价体系的完善来实现。教育家型教师应采用导师引领、专家指导、个人研习等多种方式，切实撬动教师个人的内生动力，激发教师投身于教学变革的实践。教师个体除了要进行积极深刻的反思，更需要加强同伴互助式推进及专家引领式指导，从而进一步明晰自身独特的教育理念。教育家型教师成长路径力求内外用力，引领专业发展，培养卓越品质，引导一批中青年教师更好地成长，为教育发展建言献策。

理论学习和名著品读。教育家型教师要针对成长目标，有目的、有步骤、有计划地开展个人自学，如认真阅读经典理论著作、经典管理著作、教育教学著作、经典哲学著作及人文社科类著作等。教育家型教师要养成良好的学习习惯，更新自己的知识结构，扩展自己的知识范围，提升自己的综合素质。

导师指导和同伴互助。当前全国大多数地区，都在组织开展教育家型教师高端研修培训。学校在培养过程中借鉴经验，为教育家型教师成长选配好理论导师、实践导师，紧密围绕培训主题，通过导师的高端引领，与其他教育家型教师互为师友，结合教育教学工作，在实践中努力提升自己。

影子跟岗和校外研学。学校要开展教育家型教师高端研修学员间的相互走访、观摩活动。组织教师到全国各类知名学校及境外相关特色学校考察，实地感受国内外知名学校的课程建设、课堂教学、评价方式等问题探索，让教育

型教师学员间互帮互学，学习先进、反思改进，促进教育家型教师良好发展。

诊断反馈和课题研究。学校组织理论导师和实践导师到校指导，开展案例研讨和经验交流等跟进研修活动，指导并解决教育家型教师在教育教学实践中的突出问题。学校针对教育发展中的热点难点、教学特色等内容，开展教育家型教师专项课题研究，凝练研究成果，提高教育家型教师的教育教学研究能力。

成果分享和能力提升。学校通过开展参观交流、活动宣传、出版文集、专题讲座、教学思想研讨等多种活动，促进教育家型教师对教学思想的反思与提炼，对教育家型教师教学成果进行展示和分享，让教育家型教师在更大范围内推广经验，促进资源共享，扩大示范引领。

自我发展和团队共进。教育家型教师要促进自我发展和团队共进，学校建立教育家型教师工作室，倡导教师共同成长。学校组织优秀中青年教师加入工作室，开展团队合作学习，使工作室成员在相互交流中沟通所思所想，共同商讨解决教育中的问题，实现自我成长与团队发展。

让教育家型教师落地生根，是学校教师队伍建设的奋进目标。教育家型教师要深知真教育，研究真问题，提炼真思想，实践真创新，展示真成果，领航真示范，夯实专业功底，助力专业成长。教育家型教师的教育视野有多大，教育世界就有多大。教育家型教师要自觉地培育专业精神，提升专业素养，增强专业能力，勇于担当，守正创新，更好地呼应国家的发展、人民的期待和教育的变革。

目　录

下篇　教育随笔

 上篇　管理聚焦

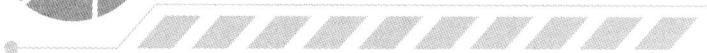

和雅教育，品质发展

四川省泸州师范附属小学校（以下简称泸师附小）成立于1902年，由晚清翰林、教育家赵熙①创办，至今已有近120年的办学历史。1918年，朱德元帅在护国战争驻防泸州期间，曾兼任学校监督。1922年，革命先驱恽代英曾担任校长，革命先烈李求实等曾在这里传播革命思想。这是一所具有悠久办学历史与光荣革命传统的学校。学校教育教学质量誉满川南，是川渝滇黔结合部一颗耀眼的教育明珠。

时代是出卷人，随着成渝地区"双城经济圈"国家战略的实施，泸州建设川渝滇黔结合部教育培训中心和江阳区全域高品质教育地区改革的推进，泸师附小作为一所全国较早创办的百年老校之一，如何实现突破，让高原之上有秀峰，为泸州人民提供更优质的教育，是摆在学校面前的问卷。

一、梳理拓展百年泸师附小和雅教育办学理念

学校首任学监赵熙在创办"川南经纬学堂"及学堂幼稚班（泸师附小前身）时曾说，"为学要为上下古今之学，不能只求耳目尺寸，这叫做纵；当为大通世界之学，不能据守方隅，这就叫横。纵是经，横是纬"②。所以学校命名为"川南经纬学堂"。赵熙先生要求学校培养"合德智体而为士，通天地人之谓儒"③的"士儒"，师生要追求雅，读书要做学问。雅教育指内涵博雅，谈吐文雅，举止优雅，气质高雅，雅教育始终贯穿在赵熙先生的教育思想中。建校之初，革命家恽代英校长治校期间，提出了"立志做人、刚健刻苦、周密

---

① 赵熙，字尧生，泸师附小首任校长。

② 熊剑：《春华秋实一百载：泸州职业技术学院校史校情读本》，重庆大学出版社，2012年，第65页。

③ 李维兵：《和雅共育·自主成长：构建"和雅共育"校园文化实践探索》，中国文史出版社，2015年，第3页。

恒久"①的校训，倡导读书人要做真君子，而"雅"是真君子的高贵品质之一。

万物和谐是天地至理，教育也是如此。教育要将学生置于天地之间，以圣人为师，以天地万物为师，顺应天时、地利、人和，顺应社会发展创新，传于古而宜于今，成就其大智慧。

新的时代，泸师附小深化对教育发展的理解，结合学校高位求进的办学实践，努力提升办学品质。"学校品质是质量、内涵、文化、特色、信誉的集合体。开展学校品质提升，十分必要，恰逢其时，需要给力。"②泸师附小努力培育一支政治过硬、品德高尚、业务精湛、治校有方的教师队伍，面向全校教师，加大培训力度，提升办学治校能力，打造高品质学校。

泸师附小领导班子进一步完善办学理念，根据"天地人和，君子安雅"的"和雅教育"办学思路，完善和雅教育高品质学校建设"一个中心、七大平台、三维合力、四大愿景"的"1734"建构模式。学校以"和雅教育"为中心，建设"环境、教师、学生、德育、课程、课堂、家校"七个平台，形成"学校教育、家庭教育、社会教育"三维合力，达成"和雅之魂凝聚教育活力，和雅之德引领师生成长，和雅之风彰显士儒风范，和雅之行提升生命质量"四大愿景。

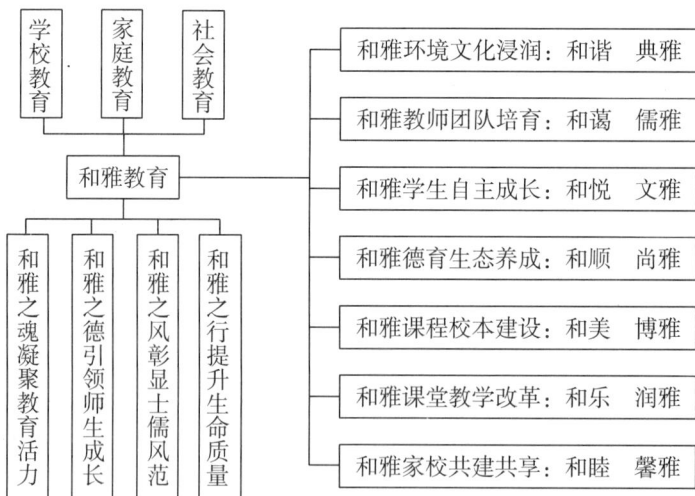

图1　泸师附小关于和雅教育的"1734"建构模式

① 胡尚炯：《青年英豪光照人间》，现代出版社，2015年，第146页。
② 王定华：《给力学校品质提升》，《基础教育论坛》，2015年11期，第42页。

二、打造和雅教育高品质学校建设的实施平台

泸师附小建设高品质学校，是教育发展趋势与酒城人民给学校提出的新使命，高品质学校必须具有高品相、高品性、高品行、高品牌、高质量。学校全面、辩证、发展地把握高品质学校发展的脉动，打造高品质学校，努力把学校的质量、品牌、信誉和追求做强做大。

为实现和雅教育高品质学校建设，应采取什么样的行动？朝着什么目标前行？尤其是学校校长如何借助专家团队的指导带动全校教师共同成长？如何更好地利用"他山之石"的优质资源？如何深度整合信息技术与教育教学？如何发挥领航校长自身的实践思考？泸师附小对学校办学情况进行了新一轮诊断，以"和雅教育"理念引领，建设高品质学校，加强辐射示范，推进共同发展。学校在开展和雅教育高品质学校建设过程中，主要做了以下工作。

（一）和雅环境文化浸润

学校环境文化追求"和谐·典雅"。"和"是立校之根，以塑造教育"和"的心态（内在），"雅"为育人之本，以培育师生"雅"的气质（外显），和于心，雅于行，知行合一。学校对校史、校训、校徽、校旗、校歌、校赋、校园吉祥物等进行精心设计布置。协调校园红、蓝、绿三色主题，建设好代英楼、好读亭、凤凰艺苑、健体中心等主体建筑。对"小凤凰"电视台、录播中心、机器人创客中心、心理健康中心、川剧苑、乐轩阁、翰墨轩、纸韵梨园、伞里印象、信息通道、科学王国等功能室进行完善。在校门、围墙、走廊、墙柱等处设置古诗词赋名句、修身养性格言等。建有笑脸墙、星光路、世界美、祖国美、家乡美、校园美等不同版块廊道文化。每个班级自拟班名、自定班风学风、设立展示平台等，凸显特色文化建设。

（二）和雅教师团队培育

学校教师团队追求"和蔼·儒雅"。学校在师德涵养上，要求全校教师做有理想信念、道德情操、扎实学识、仁爱之心的"四有"好教师，这是对教师的基本要求。做学生锤炼品格、学习知识、创新思维、奉献祖国的"四个引路人"，这是对教育的社会责任。坚持教书和育人、言传和身教、潜心问道和关注社会、学术自由和学术规范的"四个统一"，这是对教育的国家担当。学校在师能建设上，开展校本研修系列活动：志趣相投研习组，互帮互助共提高；

教科研有机结合，打造研究型教师；和雅论坛展智慧，妙语连珠话教育；教师培训六部曲，循序渐进促成长；走近经典浸书香，书海漫步炼自我；师徒结对心相牵，青出于蓝胜于蓝；基本功赛展风采，你追我赶练技能；国培远培全参与，网络研修落实处。学校把师德涵养与师能建设有机融合，培育道德高尚、甘于奉献、精于教育、管理睿智的教师团队。

（三）和雅学生自主成长

学校和雅学生要求"和悦·文雅"。学校倡导和雅学生说雅言、为雅行、成雅士，坚持做好：育人环境文化创设，和雅环境氛围营造；行为习惯常态教育，促进良好习惯养成；德育讲坛生机勃勃，渗透和雅德育理念；雅行活动丰富多彩，深化学生雅行教育。学校常态开展和雅之星评选，使学生举止文雅、崇德善思、多才多艺、个性飞扬、富有潜能。

（四）和雅德育生态养成

学校和雅德育追求"和顺·尚雅"。教育是全景，德育重过程，学校努力构建"全景德育"工作新机制，探索自主式、系统式、体验式德育模式。一是建立自我教育、自我管理、自我评价的"三自发展"主体性德育。二是开展特色之星、特色活动、特色班队的德育"三特工程"建设。三是创建"校园六节"主题教育，倡导"仁孝节——仁孝立人""读书节——书文毓秀""体艺节——刚健尚美""英语节——世界融合""科技节——科学求真""器乐节——弦歌知雅"的理念。四是构建"四方融合"的立体德育实施路径，树立"德在学校，行礼尊敬；德在家庭，行孝感恩；德在自然，行知求真；德在社会，行仁奉献"的品格。

（五）和雅课程校本建设

学校和雅课程倡导"和美·博雅"。学校全力统整国家、地方、校本三级课程体系，为学生提供丰富多彩的课程资源，回归师生的校园生活状态，改良师生的教学方式。一是国家课程开设制度化。学校开齐、开足、开好规定课程，这是实施国家课程的基本要求。二是地方课程开设本土化。学校将泸州历史、经济建设、文化民俗、特产资源、风景名胜等融入课程，全力推行长短课相结合和学科拓展融合，开展选课走班等。三是校本课程开设特色化。学校建立以"尧生"书院、"大美中华"学堂、"文明四季"之旅、实践导师课、缤纷课后服务、学生社团、研学旅行、社会实践等为载体的校本特色课程。

（六）和雅课堂教学革新

学校和雅课堂追求"和乐·润雅"。学校努力建设信息校园、智慧课堂，促进现代信息技术与课堂教学的深度整合，优化环境与教学方式，拓展学生学习空间，转变师生教学关系。学校在教学改革方面做好基础课程"三部九环"教学，拓展课程实行"单元式"教学，活动课程实行"模块化"教学，研究课程实行"主题性"教学；努力让师生乐教乐学、活教活学、教好学好；全力抓好"课改质优"治学、"三开减负三开放"监控、课堂教学结构改革、课改成果展示等，更好提升教学质量。

（七）和雅家校共建共享

学校和雅家校追求"和睦·馨雅"。家庭是人生的第一所学校，家长是孩子的第一任教师，要帮助孩子扣好人生的第一粒扣子。学校倡导家长做好"当好家长、家校交流、志愿服务、家庭辅导、参与决策、社区协作"六方面工作。学校在社区，社区在推进教育良好生态建设中发挥着积极的作用。学校要有效统整社区资源，加强家长学校建设，开展家校课堂，推进研学旅行，建设社区教育联盟，共建校外教育实践基地，促进学校教育、家庭教育、社会教育共建共享。

三、和雅教育高品质学校建设的实施策略

（一）整体谋划

学校邀请专家进校诊断指导，形成"整体谋划，分层实施，逐步完善，全面提高，形成特色"的实施步骤，对建设工作深入了解，结合教育教学实际，将建设融入学习工作。

（二）项目分解

学校各处室协同推进高品质学校建设，如和雅环境由总务处负责，教师团队、课程建设和课堂教学由教科处负责，和雅学生、和雅德育、和雅家校由德育处负责，各处室既分工又协作。

（三）强化考核

学校在建设工作中对计划周密、措施落实、富有实绩、勇于创新的处室优先评定"优秀处室"，把全校教师推进建设工作成效纳入评优中，加强对创建的评比、表彰、激励。

（四）过程监控

学校落实过程监控，将工作辐射到教育各个领域，渗透教学各个环节，切实做到理论与实践、全面与个体、整体与单项的结合，及时总结高品质学校建设阶段成果。

（五）活动推进

学校要求承担各个项目的教师要精心设计各项活动，以丰富多彩的活动为载体推进学校建设。活动是高品质学校建设的生命力，只有开展大量富有实效的活动，才能更好地推进学校建设。

（六）总结提升

学校鼓励教师开展高品质学校建设各类课题研究，撰写相关的论文案例，为建设工作献计献策、添砖加瓦。学校进一步强化宣传引导，认真总结提炼，推广建设成果。

和雅教育高品质学校是新时代泸师附小发展的命脉，是学校未来教育的新样态，是学校教育改革发展的新方向。泸师附小着力和雅教育高品质学校建设，着力丰厚"和雅"教育思想，成效显著。泸师附小"集团化办学"效应也得以更好的扩张，教学品牌发展到本部学校、城西学校、城南学校、习之学校、高新区小学校五所独立法人单位的学校。泸师附小和雅教育高品质学校建设成果，不仅在江阳教育大地开花结果，而且还辐射到学校校长工作室带领的泸州、宜宾、内江、乐山、攀枝花、凉山等地市州的 16 所优质学校。校长工作室领衔的成员学校一齐抱团出发，更好地推动高品质学校建设发展，为基础教育做出更大的成绩。

办家门口的好学校

2019 年 2 月，中共中央、国务院印发了《中国教育现代化 2035》，提出了加快推进教育现代化，建设教育强国等要求。泸师附小扎根家乡土地，构筑良好教育生态，培育每一个孩子，发展每一名教师，助力每一位家长，让学生在家门口就能上到好学校。

一、培育每一个学生

学生是祖国的未来，也是民族的希望。一个学生的成才，成就一个家庭；千万个学生的成才，成就中华民族新的辉煌！学校要努力培育每一个学生。

（一）厚植家国情怀

家是最小国，国是千万家，爱国爱家，是一个人的立德之源、立功之本，是一个人最深层、最持久的情感。学校深化落实《中共中央 国务院新时代爱国主义教育实施纲要》文件精神，厚植学生家国情怀。中华上下五千年，有许多爱国故事千古传颂：北宋岳飞精忠报国；少年周恩来为中华之崛起而读书；在新中国成立的当天清晨，面对澳葡当局的阻挠，澳门濠江中学校长杜岚将一面自己缝制的五星红旗，与全体师生一起，在校园内高高升起，表达爱国爱家壮志；西藏隆子县玉麦乡卓嘎姐妹，代代相传着"家在玉麦，国是中国"的英雄传奇。泸师附小百年发展史，也是一部家国成长奋进的活教材，从赵熙校长提出的"雅教育"到恽代英校长提出的"立人教育"，再到新时代学校提出的"'五育'融合教育"，都倡导师生厚植家国情怀。

（二）促进全面发展

学校认真贯彻落实全国基础教育工作会议精神，推动教育改革，推行绿色评价，全面提高教育教学质量。教育家苏霍姆林斯基曾指出，"在一个全面发

展的、活生生的、有血有肉的人身上，体现出力量、能力、热情和需要的完满与和谐，教育者在这种和谐里看到这样一些方面，诸如道德的、思想的、公民的、智力的、创造的、劳动的、审美的、情绪的、身体的完善等"①。学校要培养德智体美劳全面发展的社会主义建设者和接班人，要求全体学生树立大爱之心，培养人生智慧，锻炼健康体魄，铸就大美之艺，弘扬劳动精神，强调"五育"融合，促进全面发展。

（三）指导人生规划

新中国建设舞台广阔，需要各行各业的人才，各尽所能尽情施展。学生来自不同的家庭，兴趣不相同，个性有差异，学校要让有不同兴趣爱好的学生，在自己喜欢的方面，都能得到相应的发展和提高，让学生种下人生规划的种子。教师应心中有学生，了解学生个性特点，进行针对性教育，以生为本，培养升华，使学生的成长既符合新时代的共性要求，又具有创新开拓精神与鲜明个性，让学生为实现理想走进来，为服务社会走出去。

二、发展每一名教师

教育大计，教师为本。教师是人类灵魂的工程师，教师是人类文明的传承者。学校要成为教师专业发展的加油站、连心桥、孵化器，更好更快地催生教师成长，培养和造就一大批优秀教师。

（一）涵养师德师风

教育呼唤大国良师，让教师有信仰、学校有生机、教育有力量。倡导全校教师做有理想信念、道德情操、扎实学识、仁爱之心的"四有"好教师，做学生锤炼品格、学习知识、创新思维、奉献祖国的四个引路人，坚持教书和育人、言传和身教、潜心问道和关注社会、学术自由和学术规范四个相统一。人民教育家于漪、时代楷模张玉滚、悬崖小学李桂林夫妇、感动中国张桂梅等，都是新时代的师德楷模。学校组织教师认真学习领会教育部等七部门印发《关于加强和改进新时代师德师风建设的意见》文件精神，将党和国家的要求，内化于心、外化于行，将中华民族优秀传统文化、革命文化、社会主义先进文化融入教育活动，使其得以传承弘扬，繁荣昌盛。

---

① B. A. 苏霍姆林斯基：《给教师的建议》，杜殿坤编译，教育科学出版社，1984 年，第 360 页。

（二）推进课程建设

学校努力推进课程建设，这是国家的要求、区域的诉求、学生的需求、教师的追求。校本课程建设能凸显教师的智慧，如重庆市巴蜀小学的"律动课程"、重庆市谢家湾小学的"小梅花课程"、清华大学附属小学的"成志课程"等丰富多彩。学校努力推进国家课程校本化、地方课程本位化、校本课程特色化，构建现代课程体系。学校把地方文化、历史记忆、乡土民俗等融入国家课程，构建以学生社团、社会实践、主题课程、时代课程等为载体的学校课程群。比如，学校开展的"大美中华"主题课程、"尧生书院"阅读课程、"实践导师"家庭社会课程等校本课程，为学生提供丰富多彩的课程资源，让学生选择适合自己的课程，选择适合自己的学习方式和成长方式。

（三）提高教育质量

学校组织教师认真学习《中共中央　国务院关于深化教育教学改革全面提高义务教育质量的意见》文件精神，深化基础教育人才培养模式改革，掀起新时代"课堂革命"。学校坚持以学生为中心、坚持教为学服务、坚持素质教育在课堂，建设信息化校园，促进现代信息技术与课堂教学进一步融合，拓展学生学习空间，优化教学方式与教学环境，转变师生教学关系，更好地提高教育质量。比如，学校推进"和雅课堂"自导式教学改革，坚守基础课程"三部九环"教学模式、拓展课程"单元式"教学模式、活动课程"模块化"教学模式、研究课程"主题性"教学模式。学校全力抓好"课改质优"治学、课堂教学结构改革、课改成果展示等常规活动，让师生乐教乐学、活教活学、教好学好，持续领跑区域教育高品质发展。

（四）强化教育研究

学校引导教师开展教育研究，教以育人，研以修己。学校以教育部发布的《教育部关于加强新时代教育科学研究工作的意见》为指导，坚持积极开展教育教学实践研究，改进教学方法，提高教育质量。坚持"教学就是研究，问题就是课题，成长就是成果"的教育研究理念，让教师在教育研究中，获取专业知识、修炼专业能力、提升专业情意；让教师在尝试探索中前进，在教学现场中习得，在实践反思中提高，在合作交流中提高自身的专业素养。教师立足"微"教育，学做大先生，从学习他人到表达自己，实现从一个人走到一群人走的目标。

三、助力每一位家长

家长是孩子的第一任教师，家庭是人生的第一所学校。只有家庭好了，社会才能更好；只有家风好了，社会才会风清气正。学校帮助家长树立正确的家庭教育观念，助力家长更好地开展家庭教育。

（一）建设良好家庭环境

无论时代发生怎样的变化，家长都要重视良好家庭环境建设，注重家庭、重视家教、培育家风，发扬中华民族传统家庭美德，努力弘扬社会主义核心价值观。学校与家长一起，共同学习全国妇联、教育部、中央文明办等几部门印发的《全国家庭教育指导大纲（修订）》文件精神，共同建设良好家庭环境。泸师附小认真学习文件精神，结合学校巩固全国文明校园、全国规范化家长学校建设成果，利用学校网站、微信公众号、家校联系手册和《凤凰山》校刊等，积极向家长推送家庭建设的途径与方法等内容，帮助家长建设良好家庭环境。

（二）构建家校沟通机制

良好的教育需要家庭教育和学校教育的完美融合。只有学校教育与家庭教育达成一致，才能取得良好的教育成效。北京市中关村第三小学在校园建设中改环境、变空间、立课程，努力把学校建成具有"家的味道"的学校，提出了"大家三小"的办学理念。泸师附小以多种形式，向家长征集有关学校规划、管理、教学、活动、评价等方面的建议和意见，及时整理后向全体家长反馈，并设置建议箱、电子信箱等，家长随时可以通过上述方式对学校工作提出批评和建议，便于学校及时改进。

（三）参与家校志愿服务

家长在不同的岗位上工作，各有兴趣爱好与特长。学校应积极组织各行各业的家长志愿者，发挥家长的职业优势，协助学校开展教育工作，为班级活动乃至学校活动提供有力帮助。家长进课堂，与学生共同成长；亲子运动会，父子齐上阵；校园艺术节，母子共展示；巩固家校教育成果，家校共努力。家庭与学校共筑学生健康成长的生态屏障。学校通过各种活动，引导家长理解并支持学校，给校园宁静，给教师安静，让教师潜心教书、静心育人。

（四）推进家校共建共享

家庭在社区，学校在社区，家庭与学校都是社会的基本细胞。比如，北京市史家小学将思想政治课搬进博物馆，带着学生一起博"悟"世界。泸师附小有效统整社区资源，建设社区教育联盟，共建校外教育实践基地，促进学校、家庭、社会教育"三维合力"。学校与社区内的机关、企事业单位、社会团体、青少年宫等发展成为伙伴关系，配合社区阵地建设，为社区提供教育服务。学校也向社区开放图书阅览室、体育运动场、会议室等，推进学校与社区良好生态建设，共建共享。

教天地人事，育生命自觉，同心同德必养成于教育，真义微言必昌大于教育。泸师附小努力构建"校以立教为基，师以从教为乐，生以成人为根，家以助教为荣"的良好教育生态，不忘初心，立德树人，牢记使命，教书育人。教有所为，学有所获，教育发展，向美而行，尚美之道，千古之风，心有品质，渐行渐至！

文明润德，文化铸魂

近年来，泸师附小充分挖掘学校历史文化资源，认真落实立德树人根本任务，积极培育和践行社会主义核心价值观，大力开展文明校园创建活动，先后获得"全国红旗大队、全国规范化家长学校、全国中小学中华优秀文化艺术传承学校、全国文明校园"等荣誉称号 20 余项。

2019 年 3 月 18 日，习近平主持召开学校思想政治理论课教师座谈会时讲话强调，"推动思想政治理论课改革创新，要不断增强思政课的思想性、理论性和亲和力、针对性"[1]。思政课要坚持政治性和学理性、价值性和知识性、建设性和批判性、理论性和实践性、统一性和多样性、主导性和主体性、灌输性和启发性、显性教育和隐性教育的"八个统一"具体要求，为思政课改革创新指明方向。

浇花浇根，育人育心。泸师附小坚持"天地人和，君子安雅"的"和雅教育"办学理念，构建"1734"和雅教育高品质学校建设实施模式，聚焦文明校园创建"六个好"目标，健全文明校园评价"七大育人"体系，创建工作蓬勃开展，创建成效明显。

一、增强教育活力，凝聚百年名校和雅之魂

学校通过"学校、家庭、社会、自然"的立体培育模式，让学生树立"德在学校，行礼尊敬；德在家庭，行孝感恩；德在自然，行知求真；德在社会，行仁奉献"的德育观点。形成以学生"自我教育、自我管理、自我评价"的三自主体教育模式，开展"文明班级、文明之星"两大评选活动，构建"四三二"全景德育机制，强化核心价值观教育、道德教育实践、心理健康教育和

---

[1] 中共中央党史和文献研究院：《中国共产党一百年大事记（1921 年 7 月—2021 年 6 月）》，人民出版社，2021 年，第 230 页。

共教共育。

学校全面贯彻党的教育方针，全面实施素质教育，增强教育活力，落实支部书记是党建工作的第一责任人，让支部书记亲自抓、带头学。一是狠抓党组织建设，以建设学习型、服务型、创新型党组织为目标，全面落实理论学习、"三会一课"、民主生活会等制度，学校党支部获评"泸州市先进基层党组织"称号。二是狠抓党员队伍建设，深入开展"两学一做"教育实践活动、党史学习教育活动，扎实推进"三基"建设，增强教书育人的荣誉感和使命感，每年评选表彰党员示范岗 20 个。三是狠抓学校管理，落实校长负责制，认真贯彻落实《义务教育学校管理标准》，坚持依法治校、依法执教。

二、促进师生成长，引领共教共育和雅之德

学校建立师德管理、考核评价制度，坚持用"以德为先、德才兼备"的标准选聘教师，每学期与教师签订承诺书，务实开展教师"四真诚""五心教育""六知晓"活动。搭建"和雅论坛""和雅杯赛课""骨干教师示范课""教师亚团体建设""青蓝工程"等教师成长平台。通过三大举措优化学校软硬件：一是配备一流教学设施。配齐交互式一体机、实物展台等，实现了班班通，音乐室、美术室等辅助用房设施齐备，学生人均活动面积达到国家一类学校标准。二是打造校园文化景观。学校建设了"恽代英塑像""小桥流水""好读亭""日晷"等景观，对"小凤凰"电视台、录播中心、机器人创客中心、阅览中心、心理健康中心、少先队之家、川剧苑、乐轩阁、翰墨轩、纸韵梨园、伞里印象、信息通道、科学王国等功能室进行完善。在校门、围墙、走廊、墙柱等地方设置了古诗词赋名句、修身养性格言、文明礼仪、安全行为温馨提示语等。百年古樟环拥校园，常态开展垃圾分类进校园，实现了校园的"绿化、美化、净化、文化"。三是持续建设平安校园。落实"人防、物防、技防、消防"，配置专职保安和护校队，实现校园无死角监控。

三、传承红色风范，彰显特色人文和雅之风

学校大力传承中华优秀传统文化，突出"百年名校·红色附小"主题，深入挖掘学校历史内涵。一是融会设计校徽、校旗，创作校歌（《我们从这里走向理想的未来》）、校赋（《泸师附小赋》）、校园吉祥物（凤凰娃娃）等；二是加强新生入学指导，通过校史班队会，确保知晓校徽、校旗，传唱校歌，诵读

校赋，了解校史，激励学生爱校爱家；三是围绕端午节、中秋节、春节等传统节日，结合地方特色文化，组织开展"寻民俗·品年味""粽情端午·话说屈原"等节假日序列课程实践活动。连续 21 年举办的"凤凰花开·雅致童年"校园传统文化艺术节成为闻名泸州的文化品牌。

四、建设特色课程，提升技艺传习和雅之行

学校积极做好活动阵地建设，挖掘育人资源，不断拓展育人渠道和空间。一是建设宣传文化阵地，提炼了"和雅文化·生活教育"的学校文化，出版了《和雅共育·自主成长》校园文化系列丛书五本。在泸州率先开通校园微信公众号和校园网站，推出《凤凰山》校刊，设立校园"小凤凰"电视台。二是构建教育文化氛围，创新设立"艺术美""科技美""酒城美""校园美"等系列文化墙 15 面，并在教学楼各楼层展示"学生特长之星"，实现层层有主题。三是突出班队文化主题，实施"一班一品"工程，与城市少年宫建设相结合，开设 60 余个学生社团，每年集中开展社团成果展示活动。

全力统整三级课程，为学生提供丰富多彩的课程资源，改良师生的生活与学习方式。第一，国家课程开设制度化，用"开齐、开足、开好"的原则统领课程。第二，地方课程开设本土化，将酒城历史、文化民俗、特产资源、风景名胜等融入学校课程，全力推行长短课相结合，推行学科拓展融合，开展课程选课走班等方式。第三，校本课程开设特色化，建立以学生社团、朝会展示、家长课堂、研学旅行、社会实践等为载体的学校特色课程。

五、勇展师生风采，尽显个性魅力和雅之光

学校通过多样、生动的活动，让学生在潜移默化中陶冶情操、挖掘潜能，提高学生审美与人文素养。一是"赛"，开展了足球运动会、田径运动会等比赛，组织学生参加亚太地区及世界学生机器人对抗赛、四川省中小学生艺术节等，成绩突出。二是"创"，结合校园文化特色和"少年宫"特色项目培育，精心创作川剧、古诗吟诵、舞蹈等节目。三是"展"，邀请家长参与开展少年宫开放活动；设置少年宫宣传专栏，通过亮师生风采、课程特色等展示成效。四是"演"，组织开展"附小儿童礼""附小榜样""开笔礼""向国旗敬礼"及"小凤凰"艺术节等活动弘扬"和雅"校园文化；排演的少儿川剧《春色满园》，曾登上央视少儿戏曲春晚舞台，在全国展播。学校第 21 届"小凤凰"艺

术节网上浏览量达到三万余次。

六、总结经验教训，推进文明校园和雅之路

创建与巩固文明校园是一项综合性的系统工程。泸师附小将继续秉承立德树人的根本任务，强化文明校园建设。一是进一步对标提升，进一步围绕"六好"创建标准，努力改进不足、扎实工作。二是进一步创新载体，紧密结合实际，把组织开展师生喜闻乐见、内容鲜活的特色实践活动作为文明校园创建的重要载体，创新活动形式，持续推动文明校园创建。三是进一步健全机制，将文明校园创建工作紧密融入学校工作计划，紧密融入学校日常考核，大力营造"学校主抓、学生参与、家长关心、社会支持"的浓厚氛围。

文明校园创建任重而道远。我们要牢记立德树人的光荣使命，全面落实文明校园建设的各项任务，持之以恒、久久用功，不断把学校教育教学工作向前推进，培养德智体美劳全面发展的社会主义建设者和接班人。

创意朝会，以德润心

泸师附小是一所百年老校，百年的历史传承，让泸师附小底蕴深厚；百年的文化积淀，让泸师附小风采依然。学校一直努力开创性地组织少先队活动，让少先队员在愉快的活动中得到锻炼，得到全面和谐的成长，为实施素质教育做出贡献。学校以"创生和雅乐章，演绎生命精彩"为师生发展理念，全面贯彻教育方针，致力培养综合性人才，强调学生素质全面协调发展。学校坚守"立志做人、刚健刻苦、周密恒久"的校训，把加强思想道德教育，作为少先队活动的重要内容，帮助他们树立革命理想，继承革命传统，做一个德智体美劳全面发展的时代新人。

一、活动背景

教育就是一个个薪火相传的故事，泸师附小认真贯彻落实中共中央宣传部、教育部关于《中小学开展弘扬和培育民族精神教育实施纲要》的文件精神，进一步推动学校艺术教育的改革与发展，开展丰富多彩的活动，推进民族精神教育与艺术教育的融合改革。一方面，学校为学生提供艺术实践舞台，让每位学生掌握一项艺术技能，具有一定的艺术鉴赏力、表现力、创造力和审美能力；另一方面，学校努力在轻松愉快的活动中进行学生思想道德教育建设，在此理念指导下，作为德育特色活动之一的主题朝会和才艺展示活动应运而生。

学校于2008年起将每周星期一的升旗仪式创新为主题朝会和才艺展示活动。学校面向全体学生，以融合育人为宗旨，以艺术展示为基础，以班队为单位，激发学生艺术爱好，培养学生健康的审美情趣和良好的艺术修养，使艺术教育与品德教育有机融合，推动学校未成年人思想道德教育良好发展。

二、创新举措

德育工作是学校教育的基础工作，也是素质教育的首要工作，德育工作的好坏，直接影响学校的整体工作。泸师附小德育将"以德润心"渗透到每项活动中，用特色活动育人。

（一）朝会创意"我接招"

开学初，学校德育处结合上级部门文件精神及学校自身特色，制定每月主题朝会和才艺展示活动主题。如"社会主义核心价值观""法治""感恩""环保""劳动最光荣""经典诵读""关爱留守儿童"等，让主题朝会和才艺展示活动成为各中队艺术展示的舞台，也成为各中队思想道德教育的成果汇报会。

学校主题朝会和才艺展示活动紧跟时代的脚步。为纪念长征胜利 80 周年，学校组织了"红领巾心系共产党——重走长征路"活动。活动前，辅导员带着学生、部队教官、家长志愿者体验七公里的"长征"路：头上洒着蒙蒙的细雨，不时滴落在山林间的水滴；脚下有交织的荆棘，有溜滑的苔藓，有可怕的"八角钉"，也有晶莹的水珠和野花。踏着泥泞的小路，蹚过小溪水坑，越过深深的沟壑，跨过地上的树枝。坡太陡，有部队教官和志愿者叔叔的保护；路太滑，有同学们手拉手的鼓励。滑倒了，不哭，爬起来继续前行；摔疼了，擦干眼泪，追上前面的同学。唱着"团结就是力量"，喊着"苦不苦，想想长征二万五，累不累，想想革命老前辈"。渴了，喝一口白开水；饿了，啃一个白馒头……五个多小时的"长征"，学生用行动为自己赢得了一枚枚光荣的奖章。相信此次活动以后，他们会用更多的行动赢得人生路上更多的勋章！

在泸州市争创全国文明城市之机，泸师附小 4.6 中队开展了"争做文明学子"活动。师生创编的故事诗《雷锋精神代代传》，再次激发了大家对雷锋的怀念和对雷锋精神的崇敬；活动还通过他们巧妙安排在诗中的真实小故事，让队员们明白"雷锋"就在我们身边，我们也能做"小雷锋"。

针对现在一些孩子"只知道索取，缺乏感恩行为"这一现象，泸师附小 4.1 中队开展了"学会感恩，与爱同行"活动。活动前，同学精心为教师和家长制作了感恩卡片，邀请一部分家长和教师同台参与表演；节目中，呈现的留守学生渴望与父母团聚的画面，让许多孩子泪流满面；感恩活动在学生与父母、教师之间架起一座感恩之桥。

（二）朝会主持"我竞争"

学校主题朝会主持人实行"招标"制。这种方式是这样运作的：少先队大队部规划出每周的活动主题，用"招标"的方式选拔优秀主持人，申报者联系主题朝会的班级和教师后，撰写好活动主持词。大队部组织申报者进行"PK"，只有"中标者"才能参与朝会主持。有了更多的参与者就有了竞争，有了竞争就有了动力，有了动力就有了创造和智慧。少先队大队部每次选拔的主持人都非常优秀，一次次活动给了学生历练多方面技能的机会。

（三）朝会方案"我设计"

为了把欢乐童年还给孩子，学校主题朝会和才艺展示的节目形式也让学生自主选择，因而学生参与度高、参与兴趣浓厚。第一步，朝会活动"我出招"。各班级成立红领巾俱乐部，俱乐部部长将全班分成四个小队，以小队为单位，围绕朝会主题，根据小队成员特长开展大合唱、诗朗诵、歌舞、相声等才艺表演，在全班进行展评，评比时既要表演也要进行解说，选出最适合全班的节目形式。第二步，班级将评比选出的优秀节目进行串联，围绕主题精心编排四个至六个节目，全班学生一起参与，时间安排约为 20 分钟，在学校朝会上进行展演。

（四）星级争章"我参与"

学校将丰富多彩的主题朝会和才艺展示活动与少先队"雏鹰争章"结合起来，活动以人人参与为原则，为每一个队员都提供展示机会。为了给广大队员提供丰富多彩的争章平台、自主选择的争章时间，学校结合每项活动，构建了富有激励性的奖励机制，精心设计了各式各样的特色章，让每一个队员在适合自己个性发展的活动项目中享受快乐、体验成功、培养自信。

如学校 4.3 中队"诚信伴我成长"活动的"诚实守信章"，让大家学会做一个真诚守信的少先队员，做到"言必信，行必果"。学校 4.4 中队"学会感恩 与爱同行"活动的"感恩章"，让少先队员明白，感恩不仅是责任与义务，更是对爱的回报。学校 4.2 中队"诵读经典"活动的"读书博士章"，让队员在读书中享受阅读的快乐，懂得读书使人聪慧，读书使人知礼，读书使人睿智。学校 4.1 中队"孝老爱亲"活动的"孝德章"，让少先队员们知道孝敬是一种美德，通过孝敬父母、尊敬师长系列活动开展，让大家懂得孝敬父母、尊敬教师是光荣的，从而养成孝亲敬老、尊师重教的良好品德。

学校设立的"才艺之星奖章"，让全体少先队员在参与才艺展示活动中，充分展示自身艺术才华，发挥自身个性魅力。学校还组织艺术教师对各班的主题朝会和才艺展示活动进行评比，授予"最佳效果奖、最佳组织奖、最佳创意奖、最佳表演奖与最佳全面参与奖"等相关奖项，在下一周的全校集会上进行颁奖。

（五）主题成册"我创新"

每期活动结束，学校将所有班级参与主题朝会和才艺展示活动的活动方案及图文资料，整理装订成册。一方面是为了形成规范的资料，另一方面也为后面的班级做参考，并在此基础上创新。学校汇编的活动方案集，连续几年参加全市中小学校德育品牌活动评选，获得了广泛赞誉，其中的一些活动方案设计被选编进全市中小学校德育品牌活动优秀方案成果集，在全市推广。

（六）美德少年"我为范"

每学年活动结束，学校根据本学年全体少先队员在主题朝会和才艺展示活动中的表现及所得奖章综合考评，评选出学校"美德少年"和"特长之星"。学校还组织他们参与艺术节汇报演出，并精心制作他们的照片，挂到学校各楼层"百年名校·星光闪耀"主题文化墙上，激励他们不可懈怠，更上一层楼；同时也能彰显榜样示范的力量，带动全体少先队员积极向上。几年来，学校共评选了五届"美德少年"和"特长之星"共 500 余人，起到了很好的激励作用。

（七）多方协作"我点赞"

学校开展的主题朝会和才艺展示活动，不仅有学生参与，还得到了学校家长、教师、社会的关注，他们也积极主动地参与其中。如学校 4.1 中队的"文明家庭"活动，得到了 4.1 中队家长的大力支持，家长与学生大手拉小手同台演出。一个家长无比激动地说："没想到，我还可以戴上红领巾与孩子一起表演，这样的活动真有意义。"在学校 4.2 中队的"经典诵读"活动中，教师带领学生上了一堂别开生面的经典诵读课。一个学生课后兴奋地说："这样的课堂我太喜欢了，经典诵读真有趣。"学校 3.5 中队的"最萌小交警"活动，邀请了市、区交通警察言传身教，带领学生一起认识交通标志，理解交通法规，有的学生课后说自己长大了要当一名为人民服务的交通警察。主题朝会和才艺展示活动的开展，在学生幼小的心里种下了一颗梦想的种子。

三、活动成效

学校开展的主题朝会和才艺展示活动，既给学生提供了展示自己的舞台，又让学生在活动中学会做人，为学生输入学无止境、勇于争先的思想。一次次主题朝会和才艺展示活动，对学生品格的养成、社会责任感的形成，有着重要而独特的作用。学校家长们纷纷点赞：在一次次的活动中，学生更懂事了，他们洗脚、梳头、捏肩等举动让很多家长感动不已；学生对零花钱的合理规划，传承着勤俭节约的家训；学生不乱扔果皮纸屑，排队上下车，遵守交通规则，传递着文明行为之美。

学校开展的主题朝会和才艺展示活动，表现形式新颖、主体参与自主、活动主题突出、活动内容丰富、活动组织便捷，极大地调动了学生的积极性，增加了活动的趣味性。全校师生及家长积极参与，学生不仅展示了各自才能，而且在活动中学会了合作、学会了谦让，得到了到校参观学习的各级领导好评。学校开展的主题朝会和才艺展示活动，引来了相关学校参观学习，很多学校开展了活动推广。

四、工作启示

学校以《中共中央　国务院关于进一步加强和改进未成年人思想道德建设的若干意见》为统领，针对未成年人身心发展特点，积极探索新时代未成年人思想道德建设的规律，坚持以人为本，教育和引导未成年人树立理想信念，树立正确的世界观、人生观、价值观，养成高尚的思想品质和良好的道德情操，成为有理想、有道德、有文化、有纪律的社会主义事业建设者和接班人。

学校开展的主题朝会和才艺展示活动经过十余年的时间历练，经过全校师生和家长的实践探索，主题更加新颖、形式更加多样、内容更加丰富，学校还将进一步创新。

（一）进一步切合时代脉搏

学校深入开展主题朝会和才艺展示活动，紧紧围绕社会主义核心价值观对学生进行主题教育，设计更多符合时代特色和小学生年龄特点的主题活动，并将积累的经验及成果进行推广。

（二）进一步强化阵地辐射

学校要把才艺展示板块活动向家庭和社区辐射，使才艺展示活动开展到社区、福利院、幼儿园等，在丰富多彩的活动中更好地培养具有中国特色的社会主义建设者和接班人。

（三）进一步加大课题研究

学校将进一步开展好主题朝会和才艺展示活动的课题研究，以课题为引领，丰富少先队特色活动，全面加强未成年人思想道德建设，把主题朝会和才艺展示活动推向新的高度。

众手浇开廉洁花

　　《教育部关于在大中小学全面开展廉洁教育的意见》指出，要在大中小学全面开展廉洁教育，要以社会主义核心价值体系为根本，以社会主义荣辱观为主线，遵循学校教育教学规律和青少年学生成长规律，突出重点，整体推进，把廉洁教育作为实施素质教育的重要内容，促进青少年学生健康成长。

　　文件指出，小学阶段廉洁教育的目标和主要内容是：开展纪律教育和做人做事基本道理、文明行为习惯养成教育，通过开展介绍名人名言和英雄人物事迹活动，安排学生学习历史上有关清正廉洁故事、老一辈革命家的高风亮节和先进人物的典型事迹等活泼多样的方式，引导小学生逐步认识自我、认识社会，不断规范自身的行为习惯，为形成良好的品德奠定基础。

一、开展校园廉洁教育的意义

　　加强和改进未成年人思想道德建设，是一项重大而紧迫的战略任务。民族精神和民族传统中"敬廉崇洁"的内容十分丰富，意志品质、明志修身、知耻而勇等都是传统文化中民族精神的组成部分。泸师附小通过各种方式，大力弘扬民族精神，继承和发扬优秀传统文化，开展廉洁教育。

　　廉洁文化作为先进的文化形态反映了当代中国先进文化的价值取向，是当代中国先进文化的有机组成部分。学校开展廉洁教育，有助于全体教师进一步弘扬优良传统和作风，有助于坚决抵制官僚主义、享乐主义、极端个人主义等各种腐朽落后的思想意识。

　　廉洁文化是校园文化的重要组成部分，学校开展廉洁教育，加大对青少年正面宣传引导力度，培养青少年"敬廉崇洁"意识，自觉养成良好行为习惯，消除陈旧观念、突破陈规陋习，以先进的廉洁文化，引领青少年健康成长。

二、开展校园廉洁教育的途径与方法

（一）开展校园廉洁教育，领导班子是关键

领导干部，特别是学校的党员领导干部，是开展校园廉洁教育的关键所在，学校党支部书记是廉洁教育的第一责任人，学校党支部及行政领导要努力做到廉洁教育不走过场，通过理论学习、参观座谈等活动，让每位领导干部明廉洁之理，知腐败之痛，行廉洁之举。学校领导班子要率先垂范，加强班子自身廉洁建设，形成廉洁诚信的校园风气。要坚决制止乱收费、乱征订、乱办班及以教谋私等不良现象，人人争做"敬廉崇洁"先行者，当好青少年的榜样。要以优良的党风带动教风，以优良的教风影响学风。学校制定了《泸师附小领导干部十条廉洁承诺》，要求每位领导干部不以权谋私，加大对学校领导干部的管理力度。

（二）开展校园廉洁教育，教职员工是重点

教师是开展校园廉洁教育的受教育者，同时是对青少年进行教育的主导者，两种身份融为一体，学校强化师德教育，坚持以"德"为先。学校党支部向全校教师发出"树教育行业新风"的倡议，公开承诺：端正办学思想，争做教育改革的先导；规范办学行为，争做依法执教的表率；秉持职业道德，争做师德师风的楷模；树立民主风气，争做民主管理的典范。学校专门制定了《泸师附小教师师德考核条例》，为每一位教师建立师德个人档案，教师的师德表现直接与评优、晋级、职评结合起来。学校针对师德优秀者给予精神和物质奖励，针对师德失衡者以批评、诫勉等形式对其进行教育。

针对教育教学工作的实际、师德建设的要求及开展校园廉洁教育的需要，学校还定期在全校教师中开展理论学习及专题座谈，让全校教师"树清正廉洁正气，办人民满意教育"。如组织全校教师收看先进事迹报告会，全校教师的思想得到了重新洗涤，同时也看到了自己的不足。

（三）开展校园廉洁教育，青少年是主体

廉洁文化进校园工作，青少年是主体，也是核心。主体教育思想是学校办学的指导思想之一，学校着力打造学生主体性教育的品牌特色，以尊重主体、崇尚个性、发展特长、形成特色为基本内涵。学校把"敬廉崇洁"启蒙教育纳

入学校德育教学计划，渗透到学校教学工作的全过程和青少年教育管理的各个方面。在基础道德中培养青少年行为习惯及传统美德中的扶贫济困等，青少年既是参与者，也是受教育者。学校在开展廉洁教育中，努力让青少年树立廉洁意识，让青少年参与廉洁建设、走进廉洁文化，力求在潜移默化、循序渐进中使青少年受到教育和熏陶。

学校开展廉洁教育，必须找到恰当的切入点，找到合适的契合面，才能够取得实效。为此，学校主要从以下几个方面做好廉洁教育工作。

（1）行为规范养成。

"敬廉崇洁"教育是青少年养成教育的组成部分，学校要求青少年从小树立纪律意识、规范意识。学校注重将"敬廉崇洁"教育与行为规范教育相结合，依据《泸师附小学生日常行为规范》对青少年进行文明礼仪、常规养成教育，与"敬廉崇洁"教育有机结合、相互渗透。少先队大队部的教育活动周周有主题，月月有活动，并且按低、中、高段制定不同的活动方案和目标，联系实际逐一开展活动，从而使青少年明确为什么要这样做，以及如何去做，让青少年有意识地规范言行。

（2）学科教育渗透。

各科教学是对青少年教育最日常、最基本的方式，学校要求教师结合各科教学特点，有意识地在课堂教学与课外活动中，渗透廉洁教育内容。语文、思想品德等教材中都蕴含着丰富的"敬廉崇洁"教育内容。教师充分运用现有的教材，挖掘文本中可融入的教育资源，如充分运用美术课上的漫画创作、音乐课上的廉洁之声、语文课上的"公仆"形象，从而达到在学科教育中润物无声地渗透"敬廉崇洁"思想的作用。让青少年在掌握知识的同时，潜移默化地受到廉洁教育，从而让他们树立起正确的人生观和价值观。

（3）加强阵地建设。

学校加强廉洁教育阵地建设，黑板报、宣传栏、校园网站、校园刊物、学校微信公众号、校园广播站、校园电视台等，都是开展校园廉洁教育的有效阵地。学校将"敬廉崇洁"启蒙教育寓于各种有效阵地，让青少年在各种有效阵地的浸染中受到潜移默化的熏陶。

班队会。学校指导各班精心设计专题讲座、"模拟法庭"、演讲比赛、手抄报比赛等主题班队教育活动，充分整合教育教学资源，把"敬廉崇洁"教育和日常教育管理有机结合，在一体化的德育模式中实现双赢。

晨会。学校大队部每周一都要举行庄严的升旗仪式，国旗下的演讲是晨会的重要内容。先后有"踏着伟人的足迹""心愿树下话未来""警钟长鸣""我成长，我快乐"等晨会主题在全校师生面前展示，取得了很好的效果。

读报。学校大队部专门设置了让青少年了解时事的早间短课，利用这个时间，让青少年关注身边发生的社会热点问题。在这个时间，大队部还在学校电视台播放《与法同行》《安全教育》等法治教育短片，用生动的案例对学生进行教育。

实践活动。学校一直坚持开展"学雷锋"系列实践活动，学雷锋、做青年志愿者、扶危救助、济贫帮困等已在学生中形成传统。大队部曾连续两次在青少年中发起募捐救助活动：一是为学校生病的学生捐款 3 万余元；二是为学校对口支教的乡村学校贫困学生捐款捐物，资助面临失学的 23 名贫困儿童。

革命传统教育。泸州起义纪念碑、泸州市况场朱德旧居纪念馆、泸州烈士陵园等都是对青少年进行革命传统教育的生动教材。学校每年都要组织师生进行寻访先烈足迹的教育实践活动，以丰富廉洁文化的内容。

（4）开展专题活动。

学校根据青少年的年龄特点，精心挑选古今中外清正廉洁的故事、格言、图片和漫画，供他们阅读。组织青少年撰写读后感、读书随笔及征文、课本剧表演、辩论赛、演讲比赛、社会调查、知识竞赛、黑板报评比等。这些活动，内容丰富、形式新颖，使青少年在活动中感知、探究和思考，内化为青少年自身的道德需要。学校还将"敬廉崇洁"启蒙教育延伸到课外，使学科教育与课外教育有机结合，让青少年在兴趣盎然的活动中感受"敬廉崇洁"的必要性。如学校开展了廉洁教育"六个一"活动：召开一场师生"反腐倡廉"教育大会，举办一期师生"敬廉崇洁"专题讲座，举行一次师生"敬廉崇洁"演讲比赛，举办一次师生"廉洁教育"论坛，开展一次班队"廉洁文化"主题黑板报评比，举办一期青少年"廉洁文化"手抄报展评活动。

三、开展校园廉洁教育取得的初步成效

学校一直重视青少年廉洁教育，开展丰富多彩的"敬廉崇洁"启蒙教育活动，初步取得了良好成效。

（一）全校教师进一步提升了反腐倡廉的认识

全校教师从塑造社会廉洁文化，培养社会主义事业建设者和接班人的高度出发，提高了对廉洁教育进校园的认识。进一步增强了"诚信做人，清廉为师"的思想意识。将"敬廉崇洁"融入学校管理和师德建设之中，领导班子率

先垂范，教职员工廉洁从教，教风、学风和作风建设水平进一步提高。

（二）全体青少年对"敬廉崇洁"的理解更深刻

学校引导青少年更好地理解"廉洁光荣、腐败可耻"优良传统，树立"清清白白做事、堂堂正正做人"的意识，校内外发生的许多感人事迹被传为佳话，在社会中也产生了积极的影响。如学校学生拾到一个手提包，内有现金10000多元，还有存折、各种证卡等，她主动把手提包交给警察；还有学生拾到手机主动与失主联系，与家长一起把手机交到失主手中。

（三）校园形成了"敬廉崇洁"的良好舆论氛围

学校把"敬廉崇洁"的种子撒向了青少年的心田，让他们从自身做起，从点滴小事做起，初步领悟了诚实守信、正直节俭、廉洁自律的人生真谛，树立起积极、健康、向上的道德情感，严以律己、俭以养德、积极向上成了校园风尚。

廉洁教育进校园是学校德育的基本内容之一，是一项艰巨的任务，是一个庞大的教育工程，需要全社会给予大力支持，学校教育、家庭教育、社会教育共同努力，众手浇开廉洁之花。

学校推进素质教育的实践

近年来，泸师附小为进一步推进素质教育，走出了一条以打造"和雅附小"为主线，师生"和雅共育·自主成长"全面实施素质教育的新路子，被表彰为"泸州市实施素质教育示范学校"。

一、以"立德为先"育人，推进素质教育

"立德为先，厚德载物"为学校推进素质教育之首，学校提出教师"立德树人"要坚守"四大工程"。教师选聘坚持以德为先，德才兼备；教师关爱坚持从心开始，营造温馨氛围；师德建设坚持关注学生需求，努力开展"四真诚""五心教育"与教师"六知晓"等活动；师能建设坚持学习型教师团队建设，以校本研修、集体备课、和雅论坛、课题研究和体验成长这"五条通道"促进师生共同成长。引导教师志存高远、爱岗敬业、严谨治学、廉洁从教。

四真诚：教师要以真诚的目光关注学生，把真诚的微笑带给学生，用真诚的双手抚摸学生，让真诚的心灵走进学生。教师应有爱心、用心、细心、恒心、诚心。教师应知晓其生活习惯，知晓其个性特点，知晓其思维方法，知晓其兴趣爱好，知晓其心路历程，知晓其家庭状况。

校本研修：学校校本研修活动要做到四定，定时间、定地点、定主题、定中心发言人。教师研习小组开展读书学习、听课评课、课后反思交流等活动，学校建立起"和谐8＋1""五彩石""7080"等近十个比较成型的研习小组，形成了"一个篱笆三个桩，一人有惑众人帮"的校本研修良好氛围。

教师集体备课：学校推进教师集体备课，在时间、地点、人员及备课内容上"四固定"。课后实行"1＋1"互动评价，指出一个亮点，提出一条建议，达到"评一课，促多人，带一方"的目的。

和雅论坛：学校成功举办首届"和雅论坛"，引来全市200多名教师观摩，增强了学校在全市小学教育界的影响力与辐射力。此后，学校每年举办的"和

雅论坛"活动都取得了突出的效果。

课题研究：学校提倡校本"微型课题"研究教师全部参与，每年结题评奖，在研究中逐步掌握教育科研的基本程序，为开展"大课题"的规范研究打下基础，科研大课题研究推行"1+1工程"。

体验成长：学校拓展了多元学习体验成长平台，如教师乡村行、外出学习、博客QQ群交流、"和雅一家亲"微信群、技能比拼等。学校还拓展愉悦身心生活成长平台，如附小春晚、趣味健身、篝火晚会、茶吧休闲、节日庆典等。

在学生德育工作中，学校努力构建"大德育"工作体系，积极探索建立自主式、系统式、体验式德育模式，树立"大德育"观念。一是建立"自我教育、自我管理、自我评价"的"三自"主体性德育模式，倡导学生自主管理，培养学生自主意识和自主能力。二是构建学校、家庭、社会"三结合"立体德育模式。改革家长会的内容和形式，传播实用的家教理念和方法，形成优秀的家教文化。三是创建富有特色的主题体验活动，并形成系列。通过实践活动，增强学生的德育体验，培养学生的健全人格。四是开展德育"三特工程"，即百名"特色之星"评选，开展班级"特色活动"，创建学校"特色班级"。

在班队德育工作中，泸师附小努力构建班队"特色化"工作体系，开展主题朝会和才艺展示、班队"七优星"评比、德育实践基地建设、德育之星评选、生存锻炼、梦想舞台、特色班队建设等活动，教育学生要有理想信念，懂文明礼仪，知荣辱廉耻，有勤学善思等好品质。全方位、立体式的教育活动，让德育工作特色化。

主题朝会和才艺展示：让每个班级每一位学生都成为表演者，是主题朝会和才艺展示活动遵循的一条准则。在每周星期一的升旗仪式上，每一位学生上台展示，学生的组织能力、自我表现能力均得到了极大提升，有力促进了班级的和谐，增强了班级的凝聚力和协作精神。

班队"七优星"评选：坚守"七优星"班队考评，即"早读晨练优、课外午读优、文明礼仪优、大课间活动优、卫生保洁优、爱护公物优、排队放学静校优"。播种美德，从常规和细节抓起。

社会实践活动：让学生走出学校、走向自然、走进社会，充分体验童年生活的快乐。如学校的春游实践活动，每个年级都有不变的主题。一年级：醉美泸州——游览两江四岸。二年级：城市公园——我爱我家。三年级：追寻父辈足迹——参观新农村。四年级：企业文化——走进高新企业。五年级：展现生活能力——野餐活动。六年级：生存锻炼——徒步郊游。

二、以"和雅文化"养校，推进素质教育

泸师附小在办学思想定位上，坚持以"文化"立校，遵循恽代英校长提出的"立志做人、刚健刻苦、周密恒久"的校训。近年来，在百年办学思想逐步发展的基础上，学校以"和雅共育·自主成长"作为校园文化建设的美好愿望，提出了"和雅质优，精艺多能，书香浸润，自主成长"办学新特色，以"整体谋划，分层实施，逐步完善，全面提高"等为实施策略，推进学校校园文化建设。

没有规矩无以成方圆，学校要健康发展，还必须坚持以"规范"治校，适度打破平均分配，实行优绩优酬、多劳多得，充分调动了教师的积极性和主动性。

五个先行：敬业律己先行、教学创新先行、教育科研先行、服务管理先行、淡泊名利先行。

五项考核：勤政务实考核、业务精良考核、创新高效考核、和谐团结考核、儒雅表率考核。

十项奖励：基础奖、出勤奖、安全奖、学习奖、教学奖、科研奖、班级奖、特殊奖、荣誉奖、职务津贴奖。

在"和雅共育·自主成长"思想引领下，"和雅文化"深入教师之心、深入学生之行，使泸师附小成为校风校貌受众人称赞的品牌学校。

三、以"课改质优"治学，推进素质教育

学校紧紧围绕"课改·质优"两个基本点治学。立足课堂，以师生共同成长为本，建立了较完备的课改质优治学体系。努力做好三开减负监控、生命课堂浸润、校本课程开发、课堂教学结构改革、课改成果展示、常规观摩练能等工作，师生成长倡导"四优"，即"品优、业优、能优、艺优"。

学校在教育科研的整体实施上，以教研组为阵地，以教师为主体，以质量效益为导向，以项目研究为引领，以案例研究为载体，以教研活动为平台。学校以研究促改革，以改革促发展，促进教育教学质量提升，促进教师专业发展，促进学校事业发展。学校在江阳区素质教育质量评估中连续二十余年获特等奖，科研课题成果在省、市多次获奖。

在学校课改实践过程中，学校主要采取了以下措施：

三开减负监控：学校以"课改"为主阵地，以"课堂"为主渠道，面向全体学生，立足学生生命成长和终身发展，全面实施素质教育。学校严格按国、省、市教育行政部门要求"开齐、开足、开好"课程，减负增效，提高质量。

生命课堂浸润："构建生命课堂，实施生命教育"是泸师附小"和雅共育"课堂文化的核心。学校坚持开展"生命课堂"研读学习、专家讲座、课堂展示、教学反思等形式多样的活动。

校本课程开发：学校十分注重校本课程开发，形成学校特色，不断丰富和优化学校建设。学校努力构建完善的基础教育课程体系，实行"国家课程、地方课程和校本课程"三结合，推进特色建设与课程改革紧密结合，积极开发和利用校本课程等各类教育教学资源。

课堂教学结构改革：学校努力让教师明确改革趋势，以改评教，以改评师。学校在江阳区教研培训中心的大力指导下，通过听讲座、观摩课堂实录、查阅教育书籍等方式，进一步刷新改革观念，坚持"五育"融合、自导式教学。不管是语文学科的"练能"课堂，还是数学学科的"六学一整理"课堂，牢固确立"能力为重""教学转向练能"等新理念，让教师退到幕后，让学生走到台前。

课改成果展示：学校及时推进课改工作，将骨干教师的教改经验传递给广大教师，为更多教师参与课改实践提供学习、交流平台，学校结合课题研究和课堂结构改革的进程，定期组织"课改展示周"活动，由各课题负责人、课改先行者献课，全校教师到场观摩，感受先进的课堂，从中受到熏染。

常规观摩练能：学校组织开展各年级各学科研讨课，由年级组长牵头，让每位教师在年级组内切磋教学，获得提升。学校教科处组织各学科组长和学校名优教师，对新教师进行不定期的"推门课"活动，旨在了解新教师的教学常态，促进新教师尽快成长；一年一度的青年教师"岗位练兵课"，是竞相练艺的大舞台，也是促进全校教师沟通交流的大平台。

中老年教师示范课：增强名优教师的辐射引领，让青年教师真切感受学校中老年教师"质朴、务实、求真、高效"的教学风格，带动青年教师尽快成长。

四、以"课程开发"显特色，推进素质教育

泸师附小以"课程开发"建学校特色为支点，确立课程开设的"三化"制度。一是国家课程开设制度化，"开齐、开足、开好"规定课程。二是地方课

程开设本土化，将酒城文化、乡土民俗、特产资源、风景名胜等融入学校课程。三是校本课程开设特色化，建立以学生社团、阳光晨练、师生大课间、主题朝会展示、德育基地建设等为载体的学校特色课程。

如学校"学生社团"特色课程，目前已有几十个项目，学生全员参与，分年段开展活动。学生在兴趣拓展、特长培养、自主意识等方面有了明显提高，其中几个社团已颇具特色。

机器人社团将具有民族特色的"孔雀机器人"项目向全国展示，获得省、市政府通报嘉奖和各大主流媒体报道。

全国中小学生主流读物《少年百科知识报》到校采访泸州酒瓶画社团和长江奇石画社团，并进行专版报道。

国家级非物质文化遗产——"川剧泸州河"进校园、进课堂，学校成为泸州市小学教育界唯一的川剧传习基地。四川省川剧研究院给予学校全程指导和关注，学校被指导的学生节目参加各级比赛均获殊荣。

五、以"厚重书香"建校园，推进素质教育

学校借校园改建之机，对校园环境文化进行了深化定位，让和雅传统文化与红色革命文化相融。以建立园林式"厚重书香"校园文化为主体理念，美化自然环境，优化人文环境，让每一处景点、每一堵墙壁、每一个角落都发挥"润物细无声"的教育作用，构建了泸师附小"四大环境文化"。环境文化建设成效显著，学校被评为"四川省校园文化建设典范学校""全国文明校园"。

（一）学校主题精神文化

学校在教学楼一楼至六楼分别设置"五旗、两图、一徽"的民族精神文化标识，建设家乡美、自然美、艺术美、科技美、书香美等文化墙。

（二）校本特色经典文化

学校在校门、围墙、楼梯间、走廊、墙柱、消防栓、卫生间、各功能用房等地，设置了古诗词赋名句、修身养性格言、教育名句、办学思想及文明礼仪、安全行为温馨提示语等。

（三）班队特色文化

学校每个班级自拟班名，自定班风学风，对书吧、文化栏、特色课表、班

队"七优星"展示平台等进行精心布置，凸显班级特色。

（四）主题式特色文化

学校教学楼各楼层有"特长之星"文化墙，学校还将逐步考虑对不同楼层的小空间进行精心布置，如设立钢琴角、陶艺角、动物角、盆艺角、水培角等。

新时代教师队伍建设思考

　　2018年1月，《中共中央　国务院关于全面深化新时代教师队伍建设改革的意见》中描绘了新时代教师队伍建设的宏伟蓝图，吹响了推进教师队伍建设改革的集结号，"百年大计，教育为本；教育大计，教师为本"。各级党委、政府都把教育摆在优先发展的位置，针对新时代加强我国中西部地区教师队伍建设，笔者有以下几点思考。

（一）力保教师编制数量

　　中共中央、国务院在近几年全国财政供养人员只减不增的严峻形势下，仍然调整实施方案，对全国教师编制给予了强有力的支持。我国中西部地区学前教育及义务教育阶段部分学校编制不足，尤其是一些乡镇学校的情况更加突出。这一严峻形势加重了目前在编教师的工作量，一些学校教师疲于完成基本教学任务，阻碍了教育更好地向前发展。各级党委、政府应协调教育、人事、编办等部门，深入调研，尽快按照国家要求的中小幼学校的师生比例，努力配齐、配足教师编制。在仍然无法达到教学基本要求的情况下，可采用财政补贴购买服务的方式弥补。比如，按各学校应有教师编制数的5％～10％匹配经费，便于学校用专项经费聘请有资质的教师、增加招募银龄讲学教师数量等，以解决当前教师数量不足的问题。

（二）提升在编教师质量

　　教育发展是国家持续发展的根本，教师是教育发展的第一要素。各级党委、政府应当从基础教育、教师队伍建设、提高教师地位抓起。

　　（1）抓"思政"队伍。

　　2019年3月，中共中央主持召开了学校思想政治课教师座谈会。习近平总书记在会上强调，办好思想政治课，最根本的是要全面贯彻党的教育方针，解决好培养什么人、怎样培养人、为谁培养人的根本问题。思想政治课的作用

不可替代，思想政治课教师队伍责任重大。

（2）抓领军人才。

各行各业都需要领军人才，教育也是如此。教育部正在全力推进中小学名师名校长"双名工程"等教育领军人才建设，就是要为基础教育领域培养一批具有先进教育思想、能够创新实践的教育家型教师，引领推动基础教育改革发展，提高教育教学质量。全国各地陆续出台了关于实施"人才新政"，促进区域高品质建设的若干意见，其中也包含了教育人才集聚工程等促进教育发展的实施细则。各地区、各部门应真正落实"人才新政"中教育人才积聚工程的文件精神，提高名优教师、领军人才的待遇，同时也要求他们承担相应的示范带动责任。各地要深化开展名师名校长培养机制，成立名师名校长工作室，发挥名师名校长的示范引领作用，建立"1+5+N"辐射机制，以关键少数带多数，让更多的名师名校长领军人才成长。

（3）抓集团发展。

教育是最大的民生工程，全国各地基础教育都驶入了发展"快车道"。在教育教学质量方面，乡镇学校与城区学校仍然相差较远。为破解城乡义务教育学校二元发展的瓶颈，振兴乡村教育，可在实施城乡教育集团化办学发展的政策支持下，建立城乡义务教育学校"名校+"一体化管理，即一所城市高品质学校帮扶一所或多所乡村薄弱学校，以教育集团、教育联盟、教育发展共同体等形式帮扶。开展城乡学校一对一捆绑、教育经费一对一支持、教师群体一对一研讨、教师个体一对一帮扶、校长一对一考核、学生一对一交流等活动，以"名校+"助力城乡教育一体化。

（4）抓教师待遇。

全国各地要尽快落实关于提高教师地位的文件，提高教师政治地位，提高教师福利待遇，激发教师内生动力，吸引优秀的人进入教师队伍。比如，深圳某中学公布的2019年新录用的35名教师，其中清华大学、北京大学的毕业生有20人，还有1人为哈佛大学毕业生。这35名教师中有27人为硕士，5人为博士，还有3人为博士后。这所中学能够吸引如此多优秀的人才，学校教师的待遇高是关键。中西部地区的"贵阳经验"也值得借鉴，该市于2018年实现教师与公务员收入水平趋同，将三年落实到位的目标在两年内完成，改革落实了教师教龄津贴、边远教师津贴、教师年终目标考核、教师周转房等激励措施。各级党委、政府对教师队伍应严管厚爱，既要提高教师的社会地位，也要逐步建立教师的退出机制，坚决把不再适合当教师的人员清退出课堂，转岗甚至辞退。

（5）抓职改评优。

职称评审是中小学教师最关心的问题。各级党委、政府可学习《中共河南省委 河南省人民政府关于全面深化新时代教师队伍建设改革的实施意见》：适当提高中小学中、高级教师岗位结构比例，在现行标准基础上，幼儿园、小学提高5%，初中、高中提高8%左右。对在农村学校从教且教龄男性满30年、女性满25年的在岗在编教师，符合申报条件的，可不受岗位结构比例限制，直接评聘为中小学高级教师。每年坚持开展好优秀教师、优秀班主任、师德标兵、知名教师等多方面的荣誉评选，让荣誉惠及更多教师，带动更多教师爱岗敬业、教书育人。

（三）提高教师培训经费

近年来，全国各地尤其是中西部地区持续加大了对教育的投入，让义务教育学校的办学设备得以提档升级，把更多的经费用在了办学硬件设备设施上，但对学校正常运转的教育保障经费及教师继续教育培训经费的投入还不够。目前，经济较发达的大多数地区，已经将生均义务教育保障经费提高至1500元至3000元，并且单列了教师培训经费，用于教师的培养提升。中西部地区要进一步提高义务教育保障经费，提高教师在职提升培训经费，保障学校正常运转，保障在职教师培训培养，提升教师业务素质，提高学校办学活力。

（四）加大教育技术运用

随着科技的进步发展，信息技术在教育教学领域已得到了广泛应用，也发挥着越来越好的作用。《中国教育现代化2035》和《加快推进教育现代化实施方案（2018—2022年）》文件指出，以教育信息化支撑引领教育现代化发展，坚持信息技术与教学深度融合。《关于实施全国中小学教师信息技术应用能力提升工程2.0的意见》中提出，着力推动全国中小学教师提升信息技术应用能力。中西部地区应当在教育教学领域加大信息技术硬件投入，加强信息技术运用能力提升培训，让信息技术更好地运用于教育教学，提高教学效率与质量。

教育是一项系统工程，各级党委、政府应当建立"党委以重教为先，政府以兴教为根，人民以支教为本，学校以立教为基，教师以从教为乐，社会以助教为荣"的良好教育生态。推动基础教育更好更快地发展，是国之所需，民之所幸。

研修助力，精准成长

2018 年 7 月，国务院办公厅印发通知，转发了《教育部直属师范大学师范生公费教育实施办法》。这个文件是对《教育部直属师范大学师范生免费教育实施办法（试行）》的进一步完善。上述文件的实施为国家培养了一大批公费师范生（原称免费师范生），这批公费师范生走出校园以后，以良好的师德修养、扎实的专业功底、昂扬的工作状态，在各级各类基础教育学校做出了很好的业绩。

泸师附小现有教职工 110 余人，在教师队伍中有 20 余名教师是近年来经过双向选择到学校工作的公费师范生，约占学校教师队伍的五分之一。这部分教师主要来自临近四川的陕西师范大学和西南大学，学科涵盖了语文、数学、英语、科学、体育、音乐、信息技术等。这批公费师范生自进入泸师附小后，在学校的帮助下，又经过自身努力，在工作中取得了很好的成绩。

近十年来，泸师附小全体师生共同见证了这 20 余名公费师范生教师的拔节成长。国家对基础教育更加重视、部属师范大学的全面培养、所在学校不遗余力地开展校本研培，都是公费师范生教师成长中不可或缺的因素。

（一）高屋建瓴，积聚人才

国家振兴，教育为本；教育振兴，教师为本。我们更加欣喜地看到，新修订颁布的《教育部直属师范大学师范生公费教育实施办法》从选拔录取、履约任教、激励措施、条件保障等方面，对师范生公费教育政策予以改进和完善。这将更好地贯彻落实《中共中央 国务院关于全面深化新时代教师队伍建设改革的意见》，建立健全师范生公费教育制度，吸引更多优秀高中毕业生踊跃选择师范公费教育，培养大批有理想信念、有道德情操、有扎实学识、有仁爱之心的"四有"好教师，强化教师承担的国家使命和公共教育服务的职责，更好地吸引优秀人才从教，进一步形成尊师重教的浓厚氛围，让教师成为令人向往的职业。

（二）职前培养，筑牢根基

十余年来，北京师范大学、华东师范大学、东北师范大学、华中师范大学、陕西师范大学和西南大学六所教育部直属师范大学，根据国家基础教育发展和课程改革的要求，加强公费师范生的师德教育，引导公费师范生热爱教育事业，树立先进的教育理念，坚定长期从教的职业理想，为将来成为优秀教师打下了牢固根基。

在培养优秀教师过程中，各部属师范大学精心制定培养方案，安排高校高水平教师、中小学一线教学名师给公费师范生授课，对他们进行重点培养。强化实践教学环节，积极组织、引导他们参加支教、公益社会实践活动等，落实公费师范生教育实践制度，为职后从教奠定了坚实基础。选择到泸师附小任教的公费师范生张微、曾甜、秦永江等在大学就光荣地加入了中国共产党，在专业学习、参加支教、公益社会实践活动中获得了很多的奖励与成绩。

（三）研修助力，精准成长

为了更好地帮助这批公费师范生教师尽快地成长，泸师附小从他们刚入职就给他们安排了学科教师与班主任"双导师"，为他们成长创造良好生态环境，让他们在名师引领、同伴互助、个体反思中实现专业发展，为他们提供平台，鼓励他们在个体、团队、学校的研修中快速成长。

一是个体自主研修。个体自主研修即教师的自我学习、自我提高的过程。它是公费师范生教师专业成长的重要形式，也是他们实现自我发展的基础。学校鼓励他们外出听课、撰写论文……通过大量的学习、深入的阅读，领悟任教学科知识结构脉络，不断修正自己的教学行为，做到厚积薄发，提高自身整体素质。

二是教师团队研修。学校对公费师范生教师在课堂中表现的突出难题，开展观课议课活动，让公费师范生教师对教育教学中感到迷惘的地方进行问题定向研修，使每位公费师范生教师在研修过程中的学习能力、授课水平、管理素养得到提升。如学校开展的教师沙龙、教师亚团体等，以平等的对话交流对教师目标完成情况进行具针对性的沟通和探讨，在解决问题的过程中提高教师素质。

三是学校集中研修。学校根据实际发展要求和公费师范生教师的需求及建议，组织他们进行集中学习。学校认真开展了现代教育技术培训、教育经验的交流学习、校外专家讲座和校内名师引领活动、学校特色教育强化培训等集中

研修活动，比如学校开展的假期全校教师集中培训、日常教学期间的教学专题赛课、教育主旨论坛等，让公费师范生教师在丰富多彩的研修活动中提升自己。

学校通过研修助力，让公费师范生教师更好地专业化成长。几年来，余锰月、张微等作为优秀公费师范生教师，为省内师范院校的师范类毕业生上示范课、做专题讲座，获一致好评；杨学成长为全市心理健康咨询中心的业务骨干；张开蓉、石敏、叶文渊、董长胜、曾甜、陈思静、张玲、刘畅、秦永江、张梅等参加市区学科课堂教学竞赛，获得了一等奖；张微已成长为学校的管理人员，获聘为全校最年轻中级职称教师；张开蓉、陈思静、张玲等班队管理工作获得了全校教师的一致认可。他们中近 10 名教师已经获得了原就读师范大学的研究生学历，在全校师生中产生了积极的影响。

路漫漫其修远兮，最美教育，永远在路上！我们相信，在今后的工作中，在泸师附小工作的 20 余名公费师范生教师将在不断成长中，开启教育新的征程，为基础教育做出新的成绩。

校本研培提升办学内生动力

2020 年 9 月，《教育部等八部门关于进一步激发中小学办学活力的若干意见》指出，"深化教育'放管服'改革，落实中小学办学主体地位，增强学校发展动力，提升办学支撑保障能力，充分激发广大校长教师教书育人的积极性创造性，形成师生才智充分涌流、学校活力竞相迸发的良好局面，推动基础教育公平发展和质量提升，加快现代学校制度建设，为推进教育现代化、建设教育强国奠定坚实基础"。

发展是第一要务，人才是第一资源，创新是第一动力。教育是最大的民生工程，是面向未来的宏伟事业，而提高教师专业素养是增强学校办学内生动力的重要因素。学校应如何提高教师专业素养？强化教师校本研培是重中之重。做好教师校本研培，提升办学内生动力，学校要关注以下五方面的问题。

一、老中青分层推进

教师专业发展要分层次考虑，学校校本培训也要遵循这一特点。针对青年教师（新入职教师）的校本培训，学校要建设必要的师培课程，如师德涵养、教学技能、班级管理等方面的专题课程，立足新时代教育发展的需要及党和国家的要求，不断丰富并完善师培课程。中年教师（成熟型教师）经过 10 年至20 年的教育教学实践，虽然对教育教学颇熟悉，但是也容易产生迷惘，这也正是中年教师进一步增长功力的时候。王阳明"龙场悟道"的经典故事，对这部分中年教师有很大启发，学校要抓住中年教师职业生涯中一次次重要的外出学习、参与赛课、专家交流、课题研究、青蓝工程、职称评定等关键时间、关键人物、关键事件，助他们一臂之力，让他们更好地成长，好风凭借力，送君上青云。优秀的老教师（卓越型教师）经验丰富，大多形成了各自独特的教学风格，学校可以多发挥他们的示范、引领、辐射作用。学校开展了形式多样的"青蓝工程"，让他们带队伍，帮助中青年教师少走弯路，更好更快地成长。带

团队建设教师队伍，既给优秀的老教师带来荣誉，也让他们肩上有责任。当前，全国各地教育行政部门、各级各类学校都在大力推进的名师名校长工作室建设工程，正是要发挥名师和名校长的示范、引领和辐射作用。

二、各学科齐头并进

一所具有办学内生动力的学校，各学科教师大多是齐头并进的。不仅语文、数学学科组教师十分优秀，其他的学科如体育、音乐、美术等教师也具有团队优势。我们经常谈论管理学中的"木桶理论"，一只木桶能盛多少水，并不取决于最长的那块木板，而是取决于最短的那块木板。一所具有办学内生动力的学校，如果某个学科组教师能力偏弱，将为学校带来不良的影响。学校要加强教师校本研培，要综合考虑各学科组教师专业素养的整体推进，要为各学科组教师预留时间与创造空间，积极开展集体研培活动，如将学校每周星期一下午放学后定为全校教师的集体校本研培时间，将每周星期二下午定为全体语文教师的校本研培时间，将每周星期三下午定为全校数学教师的校本研培时间，将每周星期四上午定为全校体育、音乐等教师的校本研培时间；将每周星期五上午定为全校美术、科学、英语等教师的校本研培时间。在这个时间里，学校不安排这些学科教师其他的教学任务，让教师有计划、有组织地开展有针对性的学科组校本研培活动，推动各学科组教师齐头并进、共同进步。

三、教与研互补共生

我们会发现有一些优秀教师的课堂，不管是常规课，还是研究课，都能赢得大家热烈的掌声。可是当请他们为大家谈谈这节课的设计等相关问题时，他们却不能很好地表达，无法凝练自己的教学理念。教育教学研究是他们的短板，如果他们长期走不出这种窘境，就会产生"高原现象"，教师的内生动力就会逐渐消退。在日常的工作中，学校不能忽视对教师教育教学研究能力的培养，必须培养优秀教师，让他们走上教育教学研究这条路，能上课、能言说、能写作，使他们成长为更好的优秀教师，进一步提升学校办学的内生动力。

四、现代与传统相融

将现代信息技术与教育教学深度整合，提高教育教学效率，已成为我们的共识。有教育专家提出将教学交给机器，把育人留给教师，线上与线下混合式教学将成为未来教育的新常态，足见大家对现代信息技术运用于教育教学的重视。可是有的教师却忽略了传统教学媒介，如书本、简笔画、普通话、简易教具、三笔字（粉笔字、钢笔字、毛笔字）等在教育教学中的合理运用。有的教师已经不能很好地运用传统教学媒体辅助教学，无法根据教学的需要，规范地画出图形，写出图文并茂的板书；甚至有些教师在一些公开课上只有极少的板书，把文字用电脑打出来进行张贴。

学校在开展教师校本研培中，将现代教育技术与传统教学媒介的整合运用，不应该过度重视现代教育技术，而忽视传统教学媒介的作用，应该是两驾马车一起前行。

五、集团化同频共振

办老百姓家门口的好学校，让每一个孩子都公平享受高质量的教育。为了让学生享受到优质的教育，各级党委、政府都把教育摆在优先发展的位置，修建了大批高标准学校。其中，名校集团化、学区化办学是全国各地都在大力推行的一种做法。名校集团化办学，大大缩短了社会对一所新建学校的认同周期，可是大批青年教师的成长速度却无法跟上名校扩张的步伐。学校的管理者要充分利用名校优质教师队伍团队资源，加强对青年教师的培养力度，缩短他们的成长周期，推动学校教育的可持续发展。集团学校要进一步深化教育资源共享，积极开展研修交流活动，做好顶层设计，通过名校的辐射带动作用将名校的办学理念、优质课程等适宜地移植到新建学校。集团联盟要抱团发展，集中优势力量，实施管理互通、研训联动、文化共建、项目合作、资源共享、质量共进等。在新建学校获得可持续发展后具有自身特色和自我发展能力，提升集团各成员学校的办学内生动力，各美其美，美美与共。

强化教师校本研培的针对性与有效性，更好地帮助学校教师理解教育，树立教育自信，破解教育倦怠，增强教育智慧，提升学校办学内生动力，创办公平而有质量的教育，培养德智体美劳全面发展的社会主义建设者和接班人，是学校义不容辞的责任。

小学社团活动建构与探索

近年来，泸师附小立足学校百年办学优势特色，教育教学工作得到有效夯实和延展，社团学生参加各级各类比赛取得了优异的成绩，如川剧艺术社团学生节目曾登上央视舞台，科幻画社团学生作品曾获全国科技创新大赛奖等。学校先后获得"四川省科技教育示范学校、四川省艺术教育示范学校、四川省机器人活动实验学校"等殊荣。

一、社团全员参与机制

学校建立了专门的社团活动全员参与机制。学校学生社团活动按学生年龄大小分为低、中、高三个学段开展：一、二年级学生为低学段，三、四年级学生为中学段，五、六年级学生为高学段。社团成员实行学生自愿申报和班主任根据学生兴趣爱好推荐相结合的原则，选课走班开展社团活动，原则上每个社团不超过 36 人。学校要求全校教师根据自己的兴趣及特长，参与并指导一个学生社团，学校年轻教师每人带一个社团，中老年教师两人为一组带一个社团，部分社团也可以邀请本地教育机构中的优秀教师、校外辅导员担任指导教师。在时间安排上，学生以学段为单位开展社团活动，即每周星期三和星期五下午是低、中学段学生活动时间，每周星期二和星期四下午是高学段学生开展活动时间，每周星期一下午是社团指导教师教研活动时间。

二、社团活动保障机制

学校为确保学生社团活动正常有效地开展，可以从社团人员、活动时间、组织方式等方面加强对社团活动的管理。

首先从时间上保障社团活动顺利开展。每周星期二至星期五下午第三、四节课为各个学生社团的固定活动时间，为保证活动顺利开展，辅导教师也可以根据社团活动情况利用其他课余时间策划社团实践活动。其次是人员保障。每位学生参加一项社团活动，每个社团每周至少开展两次活动。最后是组织保障。各社团辅导教师要提前拟订学期活动计划、每周活动安排和校本课程开发，最少提前两周备课，认真组织学生活动，做到活动主题明确，确保活动记录完整。师生应准时到达指定活动地点，出发前应加强师生的安全教育，认真开展社团活动。指导教师如有特殊情况无法开展活动，需提前向学校请假并做好协调。

学校教科处、艺体处作为学生社团管理部门，每天负责检查学生社团活动开展情况，发现问题及时解决。每个学生社团活动开展成效，在期末的优秀社团、精品社团评选中将作为一项重要指标。

三、社团成果展示机制

学校社团活动从最初的几个学科社团开始，经过多年的探索，现在已经发展到 60 多个社团，管理更加精细化，学生根据特长和爱好可自愿参加，每个学生都能选择一项自己喜欢的项目，进行每周两次的社团活动。学校为了鼓励师生在社团活动中出成果，把每年的 5 月和 12 月定为"缤纷社团·播种希望"社团活动成果展示月，开展学生优秀社团、精品社团评选，开展指导教师社团活动方案评选，促进师生社团更好地发展。

在社团成果展示中，贾文凡老师的美术社团让大家眼前一亮，她带领学生社团开展泸州酒瓶绘画创作活动，非常有特色。贾文凡老师后来又将非物质文化遗产——泸州分水油纸伞运用到绘画中，带领学生社团创新活动内容，被学校评选为"精品社团"，省内外相关新闻媒体对此做了专题报道。

四、社团课程开发机制

学校鼓励学生社团指导教师根据学科特点和地方文化特色，充分发挥年级组、学科组的集体智慧，开发学生社团课程，制定了学生社团校本课程开发的激励制度。学校校本课程开发做到早规划、巧融入、重落实。经过几年探索，目前已经有口琴、打击乐、剪纸、电脑机器人社团等校本课程。学校出版的《泸州师范附属小学校和雅礼赞·凤凰花开系列丛书》中有两本与社团课程开发相关，学校还将进一步对该系列丛书进行修订，将校本课程做好做实。

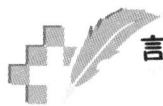

五、社团课题引领机制

学校积极申报了学生社团研究课题，鼓励社团指导教师围绕大课题开展子课题、微型课题研究。学校建立了学生社团课题研究机构，加强学生社团课题管理，营造学生社团科研氛围，认真指导教师开展子课题、微型课题选点，认真撰写与课题相关的案例、论文和活动设计，及时进行课题资料收集整理，每期开展一次课题研究展示活动，对课题研究成果进行推广。学校参与学生社团课题的教师，积极主动地参与研究工作，大家群策群力，认真提炼研究成果，使得学生社团课题荣获泸州市教学成果一等奖。

六、社团活动激励机制

学校对学生社团的考核评价，以过程性评估和活动成果展示为主，并根据日常巡视、活动展示、竞赛活动等情况，给予过程管理奖励。结合学校"星级评价"制度，对每个学生参加社团活动的情况做跟踪记录，根据自我评价、教师评价、学生互评等，每年评出"优秀社团""精品社团""特长之星"等集体或个人奖项。学校成功举行了六届学生社团"特长之星"评选活动，共评选出各类特长学生六百余人。对每年评选出的"特长之星"，还专门拍摄出与特长相关的个性相片，精心设计制作，悬挂在教学楼文化长廊展示，发挥了较好的榜样和引领作用。

学生社团是校园文化的重要载体，是对学生进行思想道德教育的有效途径。社团活动有利于丰富学生校园生活，扩大学生知识领域，增加学生交友范围。社团活动转变了学生学习方式，培养了学生个性特长，弘扬了中华优秀文化，培养了学生创新精神和实践能力。

快乐童心在学校少年宫飞扬

学校少年宫是推进素质教育、活跃学生课余生活、培养学生健康生活方式的有效载体。泸师附小为了让更多的孩子参与学校少年宫活动，对学校少年宫进行改革，充分利用每天下午的课后服务时间，以学生社团活动为依托，以促进学生个性发展为目标，将学生分年段开展丰富多彩的少年宫活动，成效显著，得到了广大师生及家长的好评。

一、开展学校少年宫活动的目的

（一）落实减负，丰富学生美好童年

学校少年宫为全面推进素质教育，切实减轻学生过重课业负担，努力开展丰富多彩的活动，着眼学生个性发展，促进学生全面发展，努力实现"以学生发展为本"的阳光教育理念。

（二）挖掘潜能，培养学生个性特长

学校少年宫注重学生可持续发展，关注学生兴趣爱好，满足学生个性需要，着力加强少年宫"学生社团"建设，让学生在社团活动中自主选择、自主体验，提高学生当前与未来的生活质量。

（三）创新制度，培养学生"三自能力"

学校少年宫开展的社团课程，努力强化学生自我管理，创新学校德育管理模式，提升学生自我管理、自我教育、自主发展的"三自能力"，促进学生健康成长。

（四）拓展平台，延伸原有活动课程

新课改提出国家课程、地方课程和学校课程三级管理模式。学校少年宫努力挖掘地方与学校教育资源，拓展地方课程和校本课程活动内容，力求创建一批典型的学校少年宫活动课程。

（五）搭建舞台，展示师生多样才华

学校少年宫在组织开展活动中，内容与形式更加多样，能有效拓宽师生视野，提升师生综合素质，促进师生共同成长，打造一支优秀的教师队伍，培育全面发展的新时代好少年。

（六）与时俱进，传承创新百年文化

泸师附小作为一所百年名校，学校少年宫活动立足丰富的文化底蕴，传承和发扬百年名校优良办学传统，形成学校新的办学特色，提升学校办学品质。

（七）打造品牌，形成附小教育特色

学校少年宫是校园文化建设的重要载体，丰富了学生校园生活，扩大了学生求知领域，增加了学生交友范围，成为学校品牌文化建设中优良学风的又一表现形式。

二、学校少年宫主要改革措施及成效

（一）阵地建设，完善功能用房

学校少年宫按照省艺术教育示范校、省现代教育示范校建设要求，规划建设各功能室，充分结合社团项目设置，将学生分年段错时安排使用，所有功能室都精心设计，为学生营造浓厚的学习氛围。

（二）合理激励，经费保障先行

学校少年宫为保障活动顺利开展，专门列出经费作为少年宫硬件设施、软件平台、信息资源、资料积累、数据整理、课件制作、外聘教师、课题研究等方面使用。

（三）科学编班，考虑年龄爱好

学校少年宫活动项目设置符合学生年龄特点，切合学校及学生实际，让学生选择适合自己的活动项目，在教师指导下科学地开展活动。

（四）师资培训，提升教师素质

学校少年宫加强了教师管理，要求辅导教师努力提高业务素质，以自我研修为主，积极参加校内外各种培训，改革教师培训激励机制，与学校教育教学量化考核和评优评先相结合。

（五）课程编排，板块课程构建

学校少年宫要求辅导教师采用借鉴与创新方式，汇编少年宫板块课程，在开学时就把课程安排进课表，固定时间开展相应活动，辅导教师结合课程实行情况灵活调整，建立学校少年宫课程资源库。

（六）学生为主，评价机制相随

学校少年宫认真制定活动实施方案，使活动有计划、有组织、有展示、有考核。学校采用形成性考评与终结性考评相结合的方式，根据过程记录、活动展示、成果展览等对学校少年宫进行考评。

（七）理论引领，开展课题研究

学校少年宫积极申报相关课题，把群团建设类课题列为中心课题，辅导教师围绕中心课题做相应子课题及微型课题研究，展示推广辅导教师的研究成果，激发教师工作积极性。

三、后期学校少年宫工作打算

（一）循序渐进，构建学校少年宫操作模式

制定学校少年宫工作目标，不断探索改进活动操作模式，在每期展示中总结经验，逐步构建具有学校特色的少年宫活动操作模式。

（二）总结提升，汇编学校少年宫校本课程

制定学校少年宫活动课程纲要，修订少年宫活动手册，开发编写校本课程，通过研究，不断总结反思，形成具有学校特色的校本课程。

（三）搭建平台，展示学校少年宫活动成果

学校少年宫认真为学生搭建多元化展示平台，与学校艺术节、体育节、科技节等各种大型活动相结合，邀请家长及社会各界参与，鼓励学生出成果。

（四）形成特色，打造学校少年宫活动特色

学校少年宫让学生在活动中学会学习、学会做事、学会合作、学会做人，让学校少年宫每一个学生都有自己引以为豪的特长，努力形成学校办学新特色。

泸师附小立足学校少年宫发展新要求，在学校少年宫建设过程中，不断调整和完善少年宫的项目设置、课程开发、组织开展、活动评价等考核机制，开展形式多样的活动，促进学生更好发展，让学校少年宫成为学生成长的"乐学园"。

小学高品质课后服务实践研究

当前，开展中小学生课后服务是促进中小学生健康成长、帮助家长解决不能按时接送学生等问题的有效措施，也是增强学校教育服务能力的需求，更是使人民群众具有获得感和幸福感的民生工程。2017年4月，《教育部办公厅关于做好中小学生课后服务工作的指导意见》文件指出，"广大中小学校要结合实际积极作为，充分利用学校在管理、人员、场地、资源等方面的优势，主动承担起学生课后服务责任。要强化学校管理，建立健全课后服务制度。要完善工作措施，认真做好具体组织实施工作"。

近年来，泸师附小认真贯彻落实《教育部办公厅关于做好中小学生课后服务工作的指导意见》文件要求，一边开展学生课后服务，一边开展课题研究，提升了学校课后服务品质，取得了丰硕的研究成果。

一、研究基本情况

（一）研究背景

（1）做高品质课后服务是学校"和雅教育"的新样态。

赵熙先生在泸师附小建校时曾说，学校要培养"士儒"，即"合德智体而为士，通天地人之谓儒"。恽代英校长治校期间，提出了"立志做人、刚健刻苦、周密恒久"的校训。新的时代，学校领导集体立足"天地人和，君子安雅"古训，提出了"和雅教育"的办学理念和"基础扎实＋个性特长＝泸师附小人"的朴素教育追求。

时代是出卷人，伴随泸州建设川渝滇黔结合部教育培训中心、江阳区全域高品质教育战略的推进，泸师附小作为一所百年名校，应该怎样为酒城人民提供更优质的教育资源呢？学校应当有责任有担当，努力满足人民群众对优质教育的需求，为学生及家长做好高品质课后服务，为他们排忧解难，为社会办

实事。

（2）做高品质课后服务是社会发展留给学校的必答题。

近年来，城市中小学校学生放学时间与家长下班时间不同步，放学后学生的管理成了让家长头痛的问题，中小学校学生课后服务需求应运而生。为解决这一问题，北京、上海、福建等地区的中小学校，进行了积极探索。中小学校是课后服务的主阵地，在师资配备、活动场地、服务管理等方面具有得天独厚的优势。中小学校开展课后服务一经推出，便获得了家长的认可。

泸师附小在泸州是较早开展课后服务工作的学校，其前身可追溯到 2010 年学校开展的特色社团活动；2017 年，经批准学校成立了"小凤凰"俱乐部；2018 年，泸州市全面开展课后服务。泸师附小在开展课后服务工作中，存在家长、教师对课后服务认识不到位的问题，学校教师队伍存在急需转变观念、提升育人技能等问题，学校存在课后服务场地不完善等问题。学校面对这些挑战时该如何解决是课后服务为全校师生出的必答题。

（3）做高品质课后服务是培养学生综合素养的新平台。

从知识教育走向能力教育、素养教育，是当今世界教育发展的共同趋势。泸师附小通过开展高品质课后服务，遵循学生兴趣爱好，让学生在巩固扎实的文化知识基础上，进行自主发展、参与融入社会，让师生在"'五育'并举，融合发展"的教育思想指引下，遵循"学生全面而有个性发展"的教育理念，精心策划课后服务，努力做到让学生在全面发展的基础上，有自己的特长与技能，让高品质课后服务成为学生综合素养提升的又一平台。

因此，泸师附小鉴于学校"和雅教育"发展的新样态、新时代社会发展的新需求、学生综合素养提升的新平台等问题，提出了"小学高品质课后服务实践研究"课题，通过针对性研究进一步提高学校办学品位，促进学生全面而有个性的发展。

（二）研究现状

（1）国外小学课后服务的实践与启示。

学生课后服务在欧美等发达国家起源于 20 世纪 60 年代，到 20 世纪 80 年代，欧美等发达国家开始将学生课后服务纳入教育发展结构体系，并纷纷出台相关法规，采取措施解决儿童课后服务中存在的问题。

①国外对课后服务的法律定位和政策保障。

发达国家对学生课后服务的称呼有很多。"课外托管教育在美国通常被称为'学龄儿童看护'（school-age child care，SACC）或者'课外项目'（after school programs）。"[①] 英国将其命名为"校外看护"，法国称之为"课外接待"等。但无论被称作什么，各个国家对其概念的界定都存在共同点，都涉及人员、场地、目的三个要素。例如，美国将其定义为：若学龄前孩童或学龄期孩童父母因工作、经济等原因，无法履行对孩子课后看护责任的，政府等相关机构将为孩童提供一个安全场所和舒适的照顾服务。韩国将其界定为在非正常教学时间内，学生家庭无法为儿童提供照顾服务的，将为他们提供一个安置处，并安排一系列积极的活动。欧盟对"课后服务"的定义为在义务教育范围外，对学龄期儿童提供安全场所进行课后照顾，使家长们在工作期间也能放心。

从以上列举的部分发达国家和地区对课后服务的法律定位和政策保障可以看出，在推动课后服务立法和政策制定过程中，各个国家在具体做法和表现形式上有一些区别，但不容置疑的是，他们都是从儿童福利层面来理解与定位课后服务。

②国外课后服务的资金来源渠道。

课后服务在实施过程中，一部分发达国家课后服务的资金来源，主要由政府财政支持。比如在日本，课后服务经费由国家、都道府县、市町村三方共同承担。从 2007 年开始实施《放学后儿童计划》起，日本政府的财政支持大幅提升，家长基本上不用担心相关费用问题。澳大利亚的课后服务主要由联邦政府、州政府和地方行政部门共同承担。同时，政府还通过"政府基金"对低收入家庭给予补贴。

也有一些国家的课后服务经费采用成本分担形式，由政府、家长、基金会等多方共同承担，例如美国、英国等。政府通过税收、教育券、减免等政策来减轻家长与相关机构的负担。以美国 21 世纪社区学习中心推行的课后服务"放学后项目"为例，它的资金来源主要有三方面：家长缴纳的费用，联邦州和地方政府的拨款，基金会、商业组织、宗教组织和个人捐赠的资金等。英国课后服务的费用主要由政府、家长和服务机构三方承担，政府会对开办课后服务的机构进行拨款补助，但是资金数额不大，机构运营支出主要来自学生缴纳。

---

① 周红霞：《美国：课外托管教育属于儿童福利》，《上海教育》，2016 年第 11 期，第 49 页。

③国外课后服务内容的设置。

大部分发达国家对课后服务都有一个基本的认同：课后服务不是学校教育的简单补充，而是丰富学生的课余生活，促进学生身心健康发展，为学生提供多样化的教育活动与机会。

法国在法规中明确规定，课外活动中心是授权的课后服务教育实体，提供的项目包括课后服务、午餐服务与多种形式的课外活动等。各中心根据参加儿童的情况，分别制订相应的教育计划，实施各种素质教育和科普教育活动，内容涉及智力发展、心理健康、健体强身、科技活动等内容，培养学生多方面的能力。

日本的"放学后儿童教室"与"放学后儿童俱乐部"提供丰富多样的课后服务活动，以促进学生身心健康发展，具体包括学习帮助类、活动体验类、传统游戏类、体育运动类及生活指导类等。

④国外课后服务的师资供给与保障。

在国家立法保障、资金来源充足的基础上，各国十分强调师资队伍的专业性。法国政府规定，课后服务工作的人员必须持有相关职业证书才能从事该工作。英国从事课后服务的教师，在职业资格上的最低要求是达到中级水平，对于那些需要熟练技能和监管的岗位，申请教师职业资格需要达到高级水平。加拿大一些地方政府明确规定了学龄儿童课后服务教育机构的人员配备要求，根据儿童课后服务工作人员完成儿童发展课程培训的情况，把任职资格分为一级（60小时）、二级（1年）、三级（2年或2年以上）三个水平。在日本，课后服务项目的实施人员被称为"放学后儿童支援人员"，主要由社区志愿者担任，日本厚生劳动省对其任职资格列出了具体的九条标准。

此外，很多发达国家注重从国家和政府层面实施师资储备和培养。韩国在全国建立了多个"放学后学校支援中心"，从事"放学后学校"教师的职前培训、在职进修、培训考核和结业证书发放等工作，以确保从事课后服务的人员具备相应的任职资质。法国在课后服务工作人员的储备方面，通过动员已有的人力资源和设立"未来职业计划"来稳定并壮大参与课后服务的人员队伍。日本都道府县也会定期对实施课后服务的相关人员开展培训研修活动，以提升其资质。

⑤国外课后服务的质量监督与评估机制。

法国政府联合社会组织成立评估监督小组，对课后服务中资源利用、人员调控、实施手段等方面进行监管，并采用五级制评分标准进行工作评估。日本在课后服务质量保障方面的全国性标准有《课后儿童健全育成事业的设施及运营标准》《课后儿童俱乐部运营方针》及"课后儿童支援员认定资格"，这些规定明确了全国统一的课后服务运营标准、具体实践方针及专业任职人员的资格。

加拿大儿童课后服务教育联合会（CCCF）于 1991 年颁布了《国家儿童课后服务教育质量评估》，文件对课后服务提供者在适合性和培训、儿童学习和发展的环境、规模大小和师生比、人员关系、健康和营养、安全、合作关系等七个方面做出了详细规定。澳大利亚从 2010 年起，在各州推行《儿童早期教育和看护全国质量框架》。该框架涵盖了大部分的全托、家庭日托、幼儿园，以及学龄儿童课后服务，是澳大利亚儿童教育和看护服务规范、评价和质量提升的全国性标准。

综上所述，国外小学生课后服务实施时间较长，对于如何开展小学生课后服务工作，课后服务的模式、内容、政策等方面，都已经形成了相对完整并独具本国特色的理论系统和实践体系，值得我们学习与借鉴。

（2）国内小学课后服务的起步与发展。

国内的"课后服务"一词源于 20 世纪 90 年代，随着社会经济发展水平不断提高，城市化进程的加快，大多数都是双职工家庭，家长很难与孩子保持作息时间的一致性，从而引发学生课后教育、休息等方面出现问题。

为解决学生课后服务需求问题，2010 年福州市率先在全国开展小学生课后服务试点工作，随后北京、上海、广州等地纷纷响应。但总的来说，当前我国有关课后服务的研究成果系统性不足，开展的课后服务工作还处于"摸着石头过河"的试行阶段。

①国内课后服务的法律定位和政策保障。

国家层面，2017 年 3 月《教育部办公厅关于做好中小学生课后服务工作的指导意见》发布，这是我国颁发的第一个关于课后服务工作的指导性意见，为全国各省市制定政策文件提供了保障和依据。

地方层面，继 2017 年《教育部办公厅关于做好中小学生课后服务工作的指导意见》出台后，北京、天津、广东、浙江、江苏、福建、四川等各地教育行政部门针对本地实际情况，发布了相关课后服务工作意见、通知或管理条例，极大地推进了中小学生课后服务在全国范围内的实施与推广。出台的文件从课后服务的重要意义、基本原则、服务安排、保障机制等几个方面对课后服务工作提出了具体要求。

②国内课后服务的资金来源渠道。

在课后服务经费筹措方面，教育部并没有明确开展中小学生课后服务所需经费的来源。从东部十个省市的政策实践来看，在坚持课后服务公益性导向的前提下，形成了两种经费筹措方式。

一种是广东、浙江、江苏、山东、海南的实施方式，实施政府财政补贴和学校支持、家长合理分担运行成本的做法。广东和江苏鼓励有条件的地方探索以财政投入为主；确实不具备条件但有课后服务需求的地方，可探索政府和学校支持、家长合理分担运行成本的做法。浙江提出公益服务与成本分担相结合原则，采取"财政补贴、向学生家庭收取服务性费用"的方式开展课后服务。海南提出可选择"财政投入或财政补助、家长分担"等方式筹措经费。

另一种是北京、上海、天津、福建、河北等地的实施方式，主要通过"购买社会服务""财政补贴"的方式免费提供服务。北京强调应继续加大政府保障力度，努力满足家长和学生的教育需求。上海坚持以政府为主导，市、区政府财政教育经费共同承担，免费为学生和家长提供课后服务。天津从 2018 年秋季学期起，由市、区两级财政共同负担。

为落实经费保障，四川省泸州市出台了《泸州市发展和改革委员会　泸州市教育和体育局关于进一步规范我市公办中小学课后服务收费试行标准的通知》，按每生每课时不超过 5 元的标准收费，费用主要用于办公支出、设备设施添置、相关课程开发、教师工作补贴、购买安全保险等。同时，对精准扶贫对象及家庭经济困难的学生按规定减免课后服务费。

③国内课后服务内容及形式的设置与规范。

《教育部办公厅关于做好中小学生课后服务工作的指导意见》中强调课后服务"主要是安排学生做作业、自主阅读、体育、艺术、科普活动，以及娱乐游戏、拓展训练、开展社团及兴趣小组活动、观看适宜儿童的影片等"。各省市围绕教育部关于课后服务的指导内容，积极开展作业辅导、自主阅读、自习等基础性课后服务及开展形式各异的课外活动。例如，北京组织学校开展兴趣班；浙江组织社区入校园，课外活动主要包括体育锻炼和社团活动；江苏则更细致地划分了课外活动，主要包括专题教育活动，科学技术、文化艺术、传统工艺等各类社团或兴趣小组，以及根据学校特色开展的课外活动等。

在组织学生完成当天作业的基础上，泸州市结合地区特色开展了形式多样的兴趣特长课程。泸师附小开设了体育类如篮球、足球、武术、羽毛球、乒乓球等课程，艺术类如奥尔夫音乐、手工制作、藤编、美术、书法、舞蹈、合唱、川剧等课程，器乐类如架子鼓、电子琴、口琴、葫芦丝等课程，科创类如乐高、多米诺骨牌、国际象棋、气象站、航模、编程、机器人等课程。

④国内课后服务的师资供给与保障。

国内相关文献提出，在充分调动校内师资力量的基础上，引入具有相关资质的师资力量参与到课后服务工作中，一方面可缓解校内教师的工作压力，另一方面可给学生提供更多的校外教育资源。东部十个省市的服务主体大致分为学校教职工类、家长类、社会公益组织类、社会培训机构类等四类。其中，学校教职工类、家长类和社会公益组织类是主要服务主体。

泸师附小课后服务采取"本校教师＋校外专业教师"共同承担的方式，学业辅导主要由学校任课教师负责，各学科教师根据自己特长，向学校申报开设的校本课程，经学校审查后，由学生及家长自愿报名参加。少数专业性较强的课程，如"泸州河川剧""校园足球队""航模"等课程聘请校外专业教师担任。

⑤国内课后服务的质量监督与评估机制。

《教育部办公厅关于做好中小学生课后服务工作的指导意见》指出，应完善课后服务日常监管机制。各地教育行政部门要进一步强化担当、落实责任，统筹规划各类资源和需求，调动各方面积极性，努力形成课后服务工作合力。要积极加强与相关部门沟通协调，争取资金支持，不断完善经费保障机制，通过"政府购买服务""财政补贴"等方式对参与课后服务的学校、单位和教师给予适当补助。要把课后服务工作纳入中小学校考评体系，加强督导检查。

泸师附小课后服务工作有专人负责管理，每天的考勤、安全均有检查，各学科的课堂教学有计划、有方案，拓展训练具有学校特色的校本课程，每月适时检查教师的教学进度和教学效果。学校鼓励教师积极参与校本课程的设计编写，期末组织校本课程评比。为了检验课后服务成果，学校利用主题朝会、节日庆典等时机为学生搭建多样化的展示平台。

（三）核心概念界定

（1）课后服务。

课后服务是学校教育的延伸，是学校充分利用管理、师资、场地、资源等方面的优势为学生提供服务。课后服务师资以本校教师为主，邀请学生家长、志愿者、地方工匠、文艺名人等积极参与；课后服务活动场地以校内为主，校外为辅；课后服务主要为学生开展作业辅导、文体活动、社团活动、兴趣培养、社会实践等提供服务。

（2）高品质课后服务。

本研究依托泸师附小办学的百年积淀，学校多年开展学生课后服务的实践经验，进一步贯彻落实《教育部办公厅关于做好中小学生课后服务工作的指导意见》文件精神，努力提供适合师生生活，适应家庭、社会、国家发展要求的课后服务，在课后服务的内容、方式、基地等方面不断完善、提升质量，以高品质课后服务为又一育人途径，为党育人、为国育才，培养德智体美劳全面发展的社会主义建设者和接班人。

（四）研究目标与研究意义

（1）研究目标。

学校认真查阅国内外相关课后服务的文献，进一步贯彻落实国家及省市关于课后服务的政策要求，明确小学生课后服务工作的性质及意义，根据前期学校开展课后服务实践探索积累的经验，进一步探索学校课后服务的实施路径，努力打造独具小学特色的课后服务实施方式、课程内容、优质师资、评价方式和实践基地等，为学生与家长提供更加优质的课后服务。

（2）研究意义。

①拓展课后服务育人路径，促进学生健康成长。

《教育部办公厅关于做好中小学生课后服务工作的指导意见》指出，课后服务是学生获得知识、巩固知识的重要阵地，各学校要以服务好家长、学生为宗旨，把开展好放学后延时服务作为一项重要工程来抓，切实增强教育服务能力。学校提供丰富多样的课后服务，提升学生综合素质和实践能力，帮助学生培养兴趣、发展特长、开阔视野、增强能力，进一步提升课后服务的效率。

泸师附小在课后服务实施过程中，为了培养学生兴趣特长，促进学生全面发展，积极发挥学校在课后服务中的主渠道作用，创新性地开展了多样化的课后服务，旨在减轻家长教育负担，丰富学生校园生活，促进学生全面而有个性的发展。

②完善课后服务课程体系，提升学校办学品质。

学校的品质建设必须立足教育本质，在以契合学生核心素养发展的课程体系支撑下打出自己响亮的名片，提升学校办学特色。学校结合对高品质学校育人模式的探索及基于未来学校发展走向的预测，利用课后服务积极实践，全面推动学校的转型升级和创新发展。

构建品牌校本课程是高品质学校竞争力的核心，更是实现学校培养目标的全方位渠道。课后服务作为学校转型升级的重要途径，应建立和完善课后服务课程体系，为学生健康成长、教师提升发展和学校特色品牌建构提供更广阔有利的空间。

③提升课后服务质量水平，减轻家长社会负担。

学校通过开展课后服务，有效解决了中小学校放学时间与家长下班时间不同步，接送孩子上学、放学后管教孩子的社会问题，充分发挥了中小学校课后服务主渠道作用。

中小学校是课后服务的主阵地，在师资配备、活动场地、服务管理等方面具有得天独厚的优势。学校要以优质的服务质量、安全的活动场地、规范的教学管理，努力解决好一些学生放学时段无人接的"时间"问题，解决好学生作业家长无法辅导的"知识"问题，解决好校外培训机构高收费的"经济"问题。

（五）研究内容与研究方法

（1）主要研究内容。

在对学校前期课后服务开展进行了较全面的整理后，笔者提出了以下六个方面的研究内容：编制课后服务框架内容，建设课后服务师资队伍，构建课后服务实施方式，健全课后服务管理制度，探索课后服务评价方式，拓展课后服务教育基地。

（2）主要研究方法。

研究主要采用以下几种基本研究方法开展实践活动，在研究中适时调整思路与方法，更好地推进研究工作的开展。

①文献分析法。

检索收集小学生课后服务的国内外相关文献著作，提炼总结相关研究成果，为本研究提供坚实的理论基础，明确研究思路。对国家及地方陆续出台的有关课后服务的相关政策进行深入分析，改进后期研究措施，促进课后服务工作创新开展。

②调查研究法。

在研究过程中，课题组对直接参与课后服务的师生，关心课后服务的家长、社会各界人士等开展问卷、访谈，对收集的材料进行分析，了解大家对课后服务的建设性意见，提出对课后服务的改进措施，推进学校高品质课后服务开展。

A. 问卷方式。课题组设计学生、家长和教师问卷，采用不计名方式，统一发放，统一回收。对学生的调查主要关注：课程需求、服务方式、服务地

点、服务效果、服务建议。对家长的调查主要关注：对服务的认知和需求、参与服务情况、服务模式认可度、服务工作意见建议。对教师的调查主要关注：服务的认知、服务工作开展现状、服务工作参与态度、服务工作意见建议。

B. 访谈方式。课题组根据需要编制学生、家长和教师访谈提纲，对学校及当地开展小学生课后服务学校的学生、家长和教师进行访谈，进一步了解他们对课后服务工作的理解程度，对课后服务工作的建设性意见，由此获得第一手资料，为改进课题研究提供参考。

C. 观察方式。课后服务是一项长期性的工作，具有持续性、生成性等特点。课题组在研究期间，对本校及本地相关学校开展的课后服务进行观察，参与到课后服务工作中，在最自然的状态下实地观察课后服务工作开展情况和具体实施过程，以获得真实可靠的数据资料。

③行动研究法。

课题组坚持将理论和实践相结合的原则，将研究制定的实施方案贯彻落实到学校具体的课后服务工作中，有计划、有步骤地在课后服务中开展行动研究，一边开展课后服务，一边进行课题研究，在实践中调整工作方法，修改课题研究方案。

（六）研究过程

课题组前期做了大量文献研究，进一步明确了国内外课后服务的研究现状，理解了高品质课后服务的内涵，为本研究奠定了理论基础。在此基础上，课题组开展了对参与课后服务的学生、家长、教师等的问卷、访谈，发现学生与家长对课后服务有很强的需求。学校希望通过课后服务，解决学生的作业辅导问题，为学生提供丰富多彩、可供选择的各种课程。教师也希望开展好课后服务，提高教育教学质量。

针对调查结果，课题组对学校开展的课后服务进行了系统的顶层设计，对课程内容、师资队伍、实施方式、过程管理、评价方式、服务保障等工作进行了全面的规划，在全校自愿参加课后服务的学生中实施，积累课后服务经验，对发现的问题认真整改，提高课后服务的质量。

二、研究成果

（一）编制了课后服务框架内容

（1）课业辅导夯实基础。

依据国家课程标准，小学主要开设有品德与生活（品德与社会）、语文、数学、英语、科学、书法、体育、音乐、美术等课程。在课后服务时间里，各学科教师对自己任教的学科开展课业辅导。

（2）学科拓展积累深化。

在国家课时标准中，小学一、二年级每周需上 26 个课时，三至六年级每周需上 30 个课时，教师没有更多的时间进行学科拓展。课后服务为各学科拓展提供了时间，各学科教师在课后服务中可以对学科知识进行拓展深化。

（3）社团活动个性成长。

开展丰富多彩的学生社团是学校课后服务的重头戏。学生在自己喜欢的社团活动中培养兴趣特长，在小学六年的学习中能习得"三个一"，有自己喜欢甚至擅长的一种体育健身项目、一种艺术表演方式和一项劳动生活技能。

全校教师立足课后服务，根据学生年龄特点，密切联系学生生活经验编写课后服务校本课程，将德育、智育、美育、体育、劳动教育等内容融入校本课程中。课后服务校本课程内容的呈现和编排方式，要求生动、新颖、活泼，以增强对学生的吸引力。学校主要开发的课后服务校本课程包括泸师附小文化读本、趣味英语、传统节日、童眼看科学、奇妙的数学之旅、口琴、经典诵读、纸韵梨园等。学校汇编形成了三十多门校本课程，几乎涵盖所有学科。学校在课后服务校本课程中不断修改完善，更好地服务于学生成长。

①研究类社团。

研究类社团有电脑制作、机器人设计、航模表演、小制作等社团。学生主要开展研究性学习，形成自主、合作与探究的学习方式，发展对周围事物的好奇心与求知欲，培养善于思考、勤于动脑的好习惯，掌握正确分析问题、解决问题的方法。

②社会实践类社团。

社会实践类社团主要有科技、环保等研学旅行社团，鼓励学生走出教室，亲近大自然，在参与社会实践活动中，不断提升学生的精神境界、道德意识、社会责任和创新能力，培养学生敏锐的洞察力。

③文化艺术类社团。

文化艺术类社团包括文学、舞蹈、器乐、合唱、编织、纸艺、音乐、美术、书法、主持等社团，主要以自主活动、小组合作或集体辅导等方式，培养学生的审美能力、表现能力和创美能力。学校将优秀的传统文化、地方文化植入校本课程，构建了地方特色才艺课程，让课后服务成为传播地方文化的"驿站"。

④体育技能类社团。

体育技能类社团有体操、田径、篮球、乒乓、武术、轮滑等社团，主要以身体练习为基本手段，在增强学生体质、促进身心全面发展的同时，达到"育体""育心""育人"的目标，在体育活动中培养阳光型学生。

⑤劳动技术类社团。

劳动技术类社团有种植、家务、烘焙、手工、编织等社团，主要让学生在学校、家庭及社会生活中，学会简单的校务、家务劳动，体会教师、父母的艰辛，珍惜劳动成果，勤俭节约，掌握简单的劳动技能，养成会劳动、爱劳动的好习惯。

课后服务种植课程是备受学生喜爱的一项特色课程。学校将种植课程基地"东篱园"建设在教学楼六楼楼顶。学生在课后服务时间里，满怀期待地拿上铁锹、铲子等工具，从撒下种子开始到幼苗破土而出，他们感叹生命的坚韧，幼苗和他们一起成长，这期间学生需要给它们施肥和除草，还需要把藤扶上竹竿，他们备尝劳动的苦与乐。看着一棵棵植株开花、结果，直至收获自己的劳动成果，学生的笑脸印证了丰收的喜悦。

（二）培育了课后服务优质师资

学校教师是开展课后服务工作的主要承担者，家长、志愿者等也可以加入，学校努力整合"学生家长、公益机构、地方工匠"等多方力量，共同努力做好学校课后服务工作。

（1）课后服务引导学校教师专业成长。

学校强化课后服务校本师资队伍培训，全力提升教师业务素质，促进教师专业成长。学校把教师参与课后服务课业辅导、学科拓展的时间记入教师的课时总量，将学校的教育教学考核与评优晋级相结合，推动课后服务活动开展。学校倡导个个教师带社团，使自己的特长得到发挥，有效拓宽教师视野，提升教师业务素质，促进教师专业成长，建设一支优秀的课后服务学校教师队伍。

表1　泸师附小 2020 年秋期高段学生课后服务辅导教师统计表

社团名称	教师简介
篮球	重庆师范大学体育专业毕业，爱岗敬业、爱生如子
足球	西南大学体育教育公费生，希望每一个孩子因体育而快乐
美术（1）	西南大学美术学院毕业，从事美术教育教学工作 16 年
美术（2）	西华师大美术专业毕业，泸州市骨干教师，江阳区领航教师
漫画	一级教师，从事美术教育教学和美术辅导工作十余年
气象站	陕西师范大学科学教育公费生，专职科学教师
阶梯英语（1）	重庆师范大学英语教育专业毕业，学校英语教研组组长。泸州市首届英语骨干教师，参加市、区级赛课获得一等奖
阶梯英语（2）	西南大学课程与教学论专业硕士研究生
阶梯英语（3）	高级教师，泸州市英语骨干教师
绿植	专职科学教师，任教科学学科六年
田径	西南大学体育教育专业公费生
烘焙	音乐教育本科毕业，江阳区音乐家协会合唱专委会副主任
机器人	西南大学计算机科学与技术专业公费生，信息技术教师，指导学生参加各类机器人竞赛，荣获多种奖项
管乐队	四川省音乐家协会会员，四川省音乐家协会小号专业委员会理事
乒乓球	成都体育学院毕业
微电影	西南大学计算机科学与技术专业公费生，信息技术教师，曾获省、市、区信息技术赛课一等奖

（2）课后服务促进学校家长走进课堂。

课题组在问卷调查中发现，学校部分家长兴趣特长丰富，对学校教育工作非常支持，愿意为学校课后服务出一份力，在辅导学生的过程中陪伴自己的孩子成长。为了把课后服务办出特色，做出成效，我们与这部分家长进行联系，教给他们必要的教育教学方法，让有特长的家长走进课堂。我们开设了妈妈图书馆、爸爸运动场、奶奶家政课、爷爷棋艺社等，既增进了家校联系，也使课后服务师资更加优质。

表2 泸师附小 2020 秋期课后服务家长进课堂登记表

序号	班级	特长
1	5.5	泸州老窖品酒师
2	4.2	围棋教练
3	4.5	西南医科大学牙科专家
4	3.3	琴、棋、书、画
5	2.1	乐器
6	2.6	少儿运动
7	4.3	健康饮食
8	3.5	糕点师
9	6.5	医护人员
10	3.2	医生
11	3.6	英语游戏教学
12	1.1	公共卫生安全
13	1.2	手工
14	6.3	舞蹈
15	1.4	特种兵
16	2.2	演讲
17	2.3	普通医学知识
18	5.4	点心制作
19	1.3	预防保健护理知识
20	1.3	常见药用植物鉴别

（3）课后服务邀请公益机构积极参与。

学校当地的妇联、共团委、少工委、青少年宫、家庭教育协会、博物馆、图书馆、高校青年志愿者协会等社会公益机构，经常到校开展公益社会活动。学校利用课后服务时间，邀请这些社会公益机构走进校园，参与学生课后服务，丰富学生的活动项目。

借助泸州市气象局的支持与帮助，整合气象资源而成功建立的泸师附小气象站，是泸州市气象局在学校建设的全市唯一的校园气象站。气象站选址在学校教学楼最高处的六楼天台，四周无遮挡，在选定位置后安放气象器材，建立了学校气象站。

为了学习气象观测知识，操作采集信息，制作出每天的天气预报过程，学校邀请气象站专业技术人员到校指导。自动化监测设备可以实时监测校园气象的变化，并且通过数据传输，将气象数据传送给泸州市气象局，成为泸州市气象局旗下的一个气象监测点。自动气象观测站主要包括数据采集系统、传感器系统、供电系统、传输系统、机械附件等，可自动化、智能化收集气象数据并上传。

为了让学生更深入地了解气象观测方式，像气象工作者一样观测各项气象数据，学校还设有人工观测设备，如雨量器、气象用蒸发皿、干湿度表、手持式风速风向仪。校园气象站能够将收集到的数据实时显现，吸引众多学生气象爱好者积极参与科普学习活动，增强了学生防灾、减灾认识。

（4）课后服务选聘地方工匠倾情助力。

泸州独特的地域优势滋养了一批优秀的地方工匠，比如分水油纸伞、泸州河川剧、泸州老窖酒文化、泸州茗茶、竹编手艺等地方非物质文化遗产传承人，还有在文学、书法、音乐、器乐、舞蹈、体育等方面很有造诣的地方文化名人。学校与这些优秀人才协商，为他们颁发指导教师聘书，请他们为学生开展课后服务。

泸州川剧高腔艺术形成了独树一帜的"泸州河"流派，是很有代表性的泸州本土非物质文化遗产，但由于现代艺术市场冲击、投入不足、人才培养滞后等原因渐渐衰落，发展前景堪忧，保护与传承抢救形势刻不容缓。抢救民间文化遗产的关键在传承，学校更应是传承文化遗产的主阵地。在泸州市委宣传部、市教体局的支持下，泸师附小于2012年成立了"泸州河"川剧传习基地。"泸州河"川剧代表人物阳运志、刘光树、包靖、沈敬东等艺术家多次来校做现场表演，指导川剧娃娃班的表演。

学校作为传习基地，为了让更多学生了解川剧文化，开设了川剧表演、纸韵梨园剪纸社团，积极建构川剧校本课程。学生排练的川剧节目《梨园春色》还曾参加全国少儿春晚演出。

（三）构建了课后服务实施方式

课后服务不仅要为家长解忧，还要助力学生成长、教师提升与学校可持续发展。学校构建了课后服务"1234"工作法，力求实现课后服务与课程建设一体推进、与课堂教学改革同生共长、与学校高品质发展有机融合。

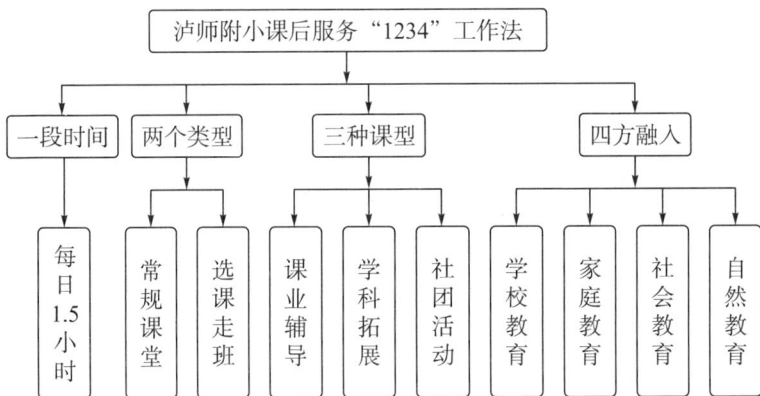

图1　泸师附小课后服务"1234"工作法

学生课后服务以课业辅导、学科拓展为基础，以选课走班式社团活动为重点，结合实际构建了课后服务实施方式，结合学校办学条件与区域优势精心规划，确保课后服务质量。

（1）分层分类的课业辅导课程。

课后服务课业辅导一般以班级为单位进行，由本班本学科教师组织，在本班教室内开展，以教师集体辅导、学生自主学习、师生与生生充分交流为主，由学校进行巡查督导。

（2）创意性强的学科拓展课程。

课后服务学科拓展一般以班级为单位进行，由本学科教师组织，在本班教室内开展，由学校巡查督导。年级组同一学科的所有教师分别确定不同的主题进行备课，与同年级各班开展服务。聘请校外相关学科大家到校为学生开展学科拓展。

（3）丰富多彩的兴趣特长课程。

课后服务社团活动实行选课走班，学生根据相同的兴趣爱好和年龄特征，在教师指导下组成，每个社团配备相应的指导教师或聘任校外的辅导教师。课后服务社团活动让学生自主选择、自主体验，让学生做自己喜欢的事。

①研究类社团强思维。

学校采用"研究＋小课题"的方式。学校积极发挥学科教师、学生家长、专长人才等资源，邀请他们做小讲座，开展小课题研究活动；或走出学校，到附近的机关、企业、商场、公园、社区等，开展小研究。学校充分利用广播、电视、网络等媒体获取研究信息，让学生成为活动的主角，通过科幻画比赛、小发明比赛、小制作比赛、小论文比赛、电脑机器人比赛等形式，不断强化他们的能力。

②社会实践类社团重研学。

学校采用"研学＋实践"的方式。学校尊重学生主体地位，鼓励师生走出校园，走向社会、自然，开展本地历史、经济、社会、文化、生活等方面的社会实践活动。比如，学生可以调查周边的环境，监测长江水资源质量，调查周边新农村建设、现代农业等，让学生通过搜索资料、查阅文献、现场观摩、人物采访等方式开展社会实践。

③文化艺术类社团亮技艺。

学校采用"活动＋竞赛"的方式。学校开展丰富多彩的文学艺术类社团活动，为各社团搭建多元化的展示平台。充分利用"校园六节"主题活动中的"读书节、英语节、艺术节、器乐节"等，校园电视台小专题访谈、特长秀展示等活动，积极组织学生参加各级各类比赛，展示学生的活动成果。

④体育技能类社团强身心。

学校采用"常规＋竞技"的方式。学校在开展好常规训练的同时开展竞技体育比赛，定期开展田径、艺术体操、乒乓球、篮球赛事，开展围棋、象棋邀请赛等。学校结合体育节等校园传统节日做好展示，同时也开展家庭体育活动，参与各级体育活动和竞赛，进一步提高师生及家长的体育素养。

⑤劳动技术类社团练技能。

学校采用"劳动＋展示"的方式。学校在教学楼顶楼天台为学生搭建了六块种植基地，建立家务、烘焙等劳动教室，在江阳区分水岭镇现代农业示范园区为学生承包种植大棚，让学生在劳动技术类社团活动中，从"学习劳动"到"我会劳动"。各班级认真开展家务劳动竞赛展示，对学生的劳动成果进行展示，开展义卖活动，树立"劳动光荣"的观念。

（四）健全了课后服务管理制度

（1）建立健全管理机构。

学校建立了课后服务管理领导组，负责学校课后服务常规管理工作。由学校校长兼任组长，党团队组织、家委会、后勤服务、课程开发、质量督导、安全保障等各部门领导兼任领导组成员，确保工作开展。

```
                              校长
         ┌────────────────────┼────────────────────┐
   党团队组织、工会          副校长                家委会
   ┌──────┬──────┬──────────┬──────────┬──────────┐
 教科处  艺体综合处  安宣处    党政办    德育处    总务处
   │       │       │         │         │         │
 课业辅导  社团活动  安全值守  协调沟通  班级建设  设备设施
 学科拓展          家长护学岗            家校共育  服务保障
```

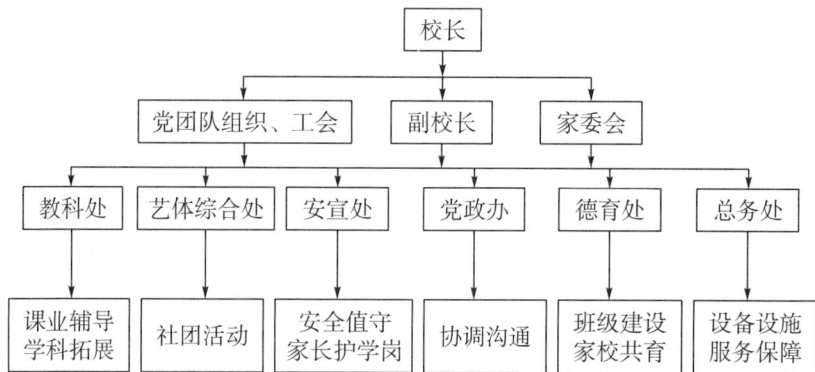

图2 泸师附小课后服务管理机构

（2）课题研究务实引领。

学校以开展的"小学高品质课后服务实践研究"为引领，针对课题中提出的关于课后服务课业辅导、学科拓展、社团活动三大板块内容，分别开展子课题研究，组建指导组、领导组、研究组，务实开展课后服务行动研究。

（3）项目方案预审论证。

学校课后服务推出的服务项目，要求辅导教师制定服务项目实施方案，拟出项目名称、服务意义、目标预设、内容框架、师资队伍、质量保障、成果展示、安全预案等内容，经学校课后服务领导组论证通过后开展。

（4）师资队伍培养选聘。

学校课业辅导与学科拓展的指导教师，基本上由本班本学科教师担任。而社团活动的指导教师涉及面广，校内外师资队伍结合，专业素养与能力高低不同，因而，学校加强了校内社团指导教师培养，重视校外优秀辅导教师选聘。

（5）超前备课活动督导。

学校课后服务在开展前，指导教师必须提前备课，交领导组负责质量督导人员审核通过后方能开展；活动开展后及时进行教学反思，提出再教的改进思路，确保课后服务每个项目、每次活动质量。

（6）服务品质高效监管。

学校加强课后服务地点、功能教室设备检查，及时更新课后服务所需设备与器材，处理因特殊情况不能正常开展课后服务的突发事件，提出整改措施，确保课后服务高效运行。

（7）制定预案保障安全。

学校课后服务地点以校内为主，校外为辅。加强校内安全督查，帮助外出活动项目指导教师协调交通、社区、企业、院校等各方面的工作，制定翔实可

行的安全预案，保障师生安全。

（8）工作考核有效推进。

学校每月定期召开课后服务工作例会，研究工作开展中需要采取的改进措施、增添的服务项目、课时费发放、工作深入推进等。针对课后服务中出现的新问题，及时召开工作例会，研究解决。

（五）探索了课后服务评价方式

通过活动表现、现场展示、档案袋记录、社会开放日等评价方式检测课后服务质量，同时采用专题汇报、推送竞赛等方式进行有效总结。

（1）星级评价榜样示范。

学校结合"星级评价"制度，要求指导教师对每个学生参加课后服务情况做跟踪记录，并根据自我评价、学员互评、教师评价、成果展示等方式，评选出每年的"社团之星""特长之星"等，并召开表扬会，拍出相片，精心设计制作，把这些特制相片悬挂在教学楼的廊道中，发挥榜样和引领作用。

（2）现场展示快乐成长。

学校课后服务中的许多小项目，可以在较短的时间内完成，尤其是课业辅导与学科拓展内容。社团活动文化艺术类中小主持、吟诵等，体育技能类中棋类、球类等，劳动技术类中的家务、烘焙等，都可进行现场展示。

（3）档案袋记录全过程。

档案袋评价是一种新型质性教育教学评价工具，可以很好地应用于课后服务。学生在教师指导下，搜集能反映自己努力情况、进步情况、学习成就的成果作品，汇集到档案袋中，然后再向全班展示自己参与课后服务某段时间、某个项目技能的进步。

（4）社会开放有效沟通。

开展课后服务得到了学生和家长的喜爱，得到了社会的广泛关注，也能解决一些家校沟通之间的误解。学校开展课后服务开放日活动，让家长与社会人士走进学校，及时了解课后服务的开展情况，促进家庭教育、学校教育、社会教育有效沟通，促进课后服务健康发展。

（5）专题汇报展现成果。

在课后服务开展的每个时段，学校结合教育部门工作安排及学校实际情况，开展课后服务成果专题汇报。如结合学校仁孝节、读书节、体艺节、英语节、科技节、器乐节等"校园六节"主题教育开展专题汇报。

（6）推送竞赛成绩斐然。

在课后服务实践中，学校及时选送优秀课程、优秀社团、特长之星等参加各级比赛，许多社团项目及个人都取得了很好的成绩。如"泸州河"川剧曾走进央视少儿春晚，科幻画作品也曾获全国一等奖。

（六）拓展了课后服务教育基地

泸师附小立足现有办学条件，进一步完善学校校园主体建设和功能室建设，并与各级各部门共建研学旅行课程与课后服务校外活动基地。

（1）校内基地精心布置。

学生课后服务中课业辅导、学科拓展的地点，原则上在校园内进行，社团活动的地点也大多在校园内，学校充分结合课后服务项目设置，合理规划各普通教室、功能室、室内外活动场所，分年段错时安排使用。

（2）校外基地合理利用。

泸州市曾获"全国文明城市、国家历史文化名城、国家卫生城市、国家森林城市、国家园林城市、中国优秀旅游城市、中国长江奇石文化城"等荣誉。泸州市独特的历史、文化、地域等优势，为学校与各级各部门共同建设课后服务校外基地提供了便利，学校在课程设置上拓展了历史、酒业、军事等相关课程。

（七）形成了课后服务优质体系

本研究立足区域与学校实际，依托学校百年办学积淀，将立德树人的根本任务融入课后服务，努力推动学校、家庭、社会共同打造学生课后服务优质体系，增强教育服务的综合性功能，为学生全面而有个性的发展助力护航。2019年底，四川省首届高品质学校建设研讨会在泸州市江阳区召开，学校以"小学高品质课后服务"为展示主题，接待了来自全省21个地市州、183个县区的领导、专家、校长及教师代表参观学习，形成的学生课后服务优质体系获广泛好评。笔者撰写了《小学高品质课后服务实践研究》报告，汇编了《课后服务研究论文集》和《课后服务家校荟萃》等内部资料，为相关学校提供课后服务校本智慧案例。

学校在每期的课后服务开放周里，邀请家长和社会各界人士到校参观学生课后服务静态与动态相结合的展示成果。看到学生自信地演出，读到汇编成册的作品，家长和社会务界人士给予了学校很高的评价与肯定。地方宣传媒体《泸州日报》《川江都市报》和泸州广播电视台等多次对学校高品质课后服务进行了全面报道。

三、研究结论与反思

（一）主要研究结论与发现

（1）更好地促进了学生健康成长。

学校开展的课后服务学业辅导、学科拓展，巩固并深化了学生对文化知识的学习。学生在参与课后服务社团活动中，可以按照自己的兴趣，自主参加自己喜欢的活动项目，在社团里很好地发挥自己的潜能，拓宽自己的视野。学生在掌握基础知识的同时，其兴趣特长也得到了施展，特别是在川剧、音乐、美术、体育、科技等方面都取得了很好的成绩。

参与课后服务的学生，积极参加各级各类竞技活动与展示，取得了丰硕的成果。在体育竞技中团队合作，勇往直前；在现场科幻画竞赛中，赢得桂冠；在故事演讲擂台上，拔得头筹；机器人社团更是冲出国门，载誉而归……学校课后服务全面开展以来，学生在各级各类比赛中获省级以上表彰500多人次，学校在江阳区素质教育质量评估中获得特等奖。

（2）更好地修炼了教师业务素养。

学校教师是开展课后服务工作的主要承担者，课后服务工作也促进了学校教师团队的成长。学校教师怀着满腔热情投入课后服务工作，与学生坦诚交流、积极沟通，促进学生全面发展。学校教师在课后服务工作中认真记录，在辅导中了解学生的学习情况，帮助学生解决学习困难，促进学生各项技能提升。学校教师一边开展课后服务，一边进行课题研究总结，相继有30余篇课后服务相关论文获奖，获各级教学比赛与技能竞赛奖的有20余人次，获四川省特级教师、四川省教书育人名师、泸州市酒城英才突出贡献奖、泸州市名师之星、泸州市最美教师、泸州市优秀教师等表彰的有10余人次。

（3）更好地提升了学校办学品质。

学校逐步构建了"课业辅导、学科拓展、学生社团"三个板块协同推进的课后服务立体框架内容，将课后服务纳入学校课程，实现了全面育人、全程育人、全景育人。尤其是在课后服务中开展的学生社团活动，已经成为学校高品质建设的又一个特色品牌，使学校的办学品质得以整体提升。学校先后获得了"全国文明校园、全国中小学中华优秀文化艺术传承学校、全国青少年校园足球特色学校、全国规范化家长学校、全国最美诵读学校"等20余项荣誉。

（二）研究反思

（1）学校课后服务硬件建设亟待提升。

学校课后服务内容、形式相较常规课堂教学更加丰富多彩，特别是艺术、体育等各种学生社团对场地的需求量大，而学校现有功能教室、艺体器材、活动场地不能很好满足学生的需求，需要加大其资金投入。因此，教育行政部门要统筹规划，把课后服务设施纳入学校建设范畴，加大学校硬件建设投入，为课后服务提供保障。

（2）学校课后服务课程体系应特色构建。

当前，学校课后服务课程的内容还不够丰富，建设好课后服务课程体系，始终是学校课后服务的重点工作，这是新时代国家的要求、区域的需求，学生的诉求与教师的追求。构建课后服务特色课程体系，让学生在课后服务中选择适合自己的课程，选择适合自己的学习方式和成长方式，才能更好地凸现学校课后服务的智慧与力量。

（3）学校课后服务质量保障要协同推进。

学校开展学生课后服务，给教育管理提出了新的挑战，需要各级各部门协同推进。比如课后服务的校外活动，安全隐患多，要保证学生安全，不仅学校要建立健全规章制度，强化安全知识教育，制定安全事故应急预案等，公安、交通、消防、卫生及街道、社区等各级各部门也不能缺位，家长与社会也应当给予课后服务更多理解与支持。

中小学生研学旅行的区域思考

当前，全国各地中小学校都在有计划、有组织地开展中小学生研学旅行活动。研学旅行活动是学校教育的有力补充，是学校教育与校外教育的有机结合，是当前各中小学校推进立德树人的有效途径之一。

一、研学旅行的政策依据

为规范推进中小学生研学旅行活动，2016 年 11 月发布的《教育部等 11 部门关于推进中小学生研学旅行的意见》和 2017 年 11 月发布的《四川省教育厅等 11 部门关于推进中小学生研学旅行的实施意见》中对中小学生开展研学旅行的重要意义、工作目标、基本原则、主要任务、组织保障等提出了相关要求。

文件指出，各地中小学校要因地制宜开展研学旅行，培养德智体美劳全面发展的社会主义建设者和接班人。随后，各地市州教育行政部门牵头，联合相关部门下发文件，提出了具体的要求。泸州市江阳区教育和体育局为贯彻落实全国全省相关文件要求，加快建设川渝滇黔结合部教育培训中心，也发布了相关文件要求，积极推进中小学生研学旅行工作。

二、研学旅行的江阳优势

江阳，泸州的古称。长江自青藏高原的唐古拉山主峰一路倾泻南下，至江阳抱城而过。"城下人家水上城，酒楼红处一江明"，此处的"城"即指江阳，同时江阳还是泸州的中心城区。

千年古城，几多沧桑，耕读传家，沧海桑田，时代变迁。江阳作为泸州的主城区，以其独特的历史、文化、地域等优势，为开展中小学生研学旅行提供了便利。

三、研学旅行的课程设计

为全力推进江阳区中小学生研学旅行工作，江阳区教育和体育局组织全区相关部门、中小学校多次召开联席会议，发布了相关文件，探讨成立了江阳区中小学生研学旅行少年大学。泸师附小在中小学生研学旅行课程设置上提出了设置历史学院、思政学院、农业学院、工业学院、酒业学院、城市学院、生态学院、军事学院、医药学院等九大课程体系的建议。

（一）历史学院课程

泸州江阳历史厚重，早在两千多年前，夏商时属梁州之域。在历史的长河中，泸州江阳有很多可歌可泣的故事。汉代，江阳农业与盐业发达；宋代，泸州成为"西南要会"；近代有朱德、刘伯承等在此从事革命活动等。城区博物馆、展览馆，百子图历史文化长廊等都有许多江阳精彩的历史故事。

（二）思政学院课程

在江阳城区水井沟，有始建于南宋绍兴十八年（1148）的报恩塔，为泸南安抚使冯楫为报母恩而建；有明朝著名诗人杨升庵歌咏泸州的瑰丽诗篇与其旧居遗址；有留学德国的水利工程师、同盟会员税西恒开办"实业救国"的自来水厂、电厂等；有近代美术大师蒋兆和以笔作枪"宣扬爱国"的《流民图》；有中共地下党员刘国瑞受党指示，创建泸南中学"作育谋国"的教育故事；有中国共产党早期领导人之一的恽代英担任川南师范学堂学监、传播革命思想的红色历史；有纪念辛亥革命及各个时期 64 位烈士而修建的泸州烈士陵园及泸州革命烈士纪念馆；有富有时代意义的忠山公园、泸州起义纪念碑、泸州况场朱德旧居纪念馆等思想政治教育课程资源。

（三）农业学院课程

江阳有分水岭镇全国现代农业示范园区，规划总面积 2 万亩，包括蔬式广场、农业科技大棚、花海等诸多景点；有农耕文化为主题的华阳街道"西岸阳光"农业休闲观光区；有丹林镇梨花村基地、通滩镇等地的油菜种植基地，黄舣镇泸州老窖红高粱现代农业示范园等，可为学生提供丰富多彩的农业课程资源。学校与江阳区分水岭镇全国现代农业示范园区合作，邀请园区农技专家指导，承包园区内 3 个农业大棚，安排近 2000 名师生分期分批在农业大棚种植蔬菜、水果；学校还邀请园区内的农技专家，在校园内建设了水培种植基地，获得师生喜欢、家长支持。

（四）工业学院课程

江阳城区内有茜草工业遗址保护项目，面积160余亩。博物馆里有"三长厂"①的老物件、老照片、老厂史、老厂志、代表性产品等，有旧设备135台，照片近400张，重要文件30余份。"三长厂"是当年国家"三线建设"的典型代表与主力军，在泸州历史上刻下了"三线建设"的烙印，它们都是泸州工业发展的历史见证，具有重要的历史文化与研学旅行价值。

（五）酒业学院课程

蜀南泸州，城因酒香，城以酒名。其酿造技艺始于秦汉，上千年的酿酒史让泸州酒文化博大精深，诞生了有泸州老窖与郎酒两大中国名酒。主城区营沟头有全国重点文物、448年历史的"1573国宝窖池"群，有国家质检总局地理标志产品"中国白酒金三角"酒业基地，有浓香型、酱香型、兼香型三类白酒的代表产品，有每年举办的"中国国际酒业博览会"等，是开展研学旅行酒文化课程的理想之地。

（六）城市学院课程

学校依托川南蜀南气矿、华润燃气、国网泸州供电公司、兴泸水务集团、公交集团有限公司、污水处理厂、醉美酒城物业、城市规划展览馆等，共建学生"研—学—旅"课程，让学生了解城市，热爱城市。

（七）生态学院课程

江阳城郊有张坝桂圆林4A级国家水利生态风景区，占地4000余亩，绵延十余里，生长着15000多株地球同纬度唯一的百年以上老桂圆树，景区内有古树、长江奇石、桃花水母。江阳有蜀中名山方山，由99峰组成，有"小峨眉"的美誉，矗立在长江之畔，那里动植物资源丰富，水土保持良好，终年云烟雨雾缭绕。江阳这些良好的生态环境，为开展研学旅行生态课程提供了很好的自然条件。

---

① "三长厂"指原四川长江工程起重机有限责任公司、四川长江挖掘机有限责任公司、四川长江液压件有限责任公司。

（八）军事学院课程

泸州江阳作为全国双拥模范城市，为开展军事学院课程打下了很好的基础。一直以来，武警泸州消防支队和泸州特警支队等官兵，在完成紧张战备训练任务的同时，大力支持泸州社会民生教育事业发展，得到了广大人民群众的高度赞誉。此外还有四川警察学院的全体师生，对地方学校的少年军校、学生军训、校外安保等活动也给予了积极的协助与支持。学校一直与部队官兵保持密切联系，积极开展研学旅行军事学院课程。

（九）医药学院课程

西南医科大学地处江阳，占地 2011 亩，学校下设约 20 个院（系），每年有在校生约 2 万人，专任教师 1000 余人。学校以医学为主，涵盖理学等 7 个学科门类，有重点实验室、院士工作站等 10 多个省部级以上重点科研平台；学校与美国、英国等 20 多个国家和地区建立了合作交流关系，参与"一带一路"建设。西南医科大学有 3 所直管的附属西医、中医、综合医院，有泸州市人民医院等近 20 所非直管的附属医院，40 余所教学指导医院，为川渝滇黔接合部的几千万人民健康保驾护航，医疗网络遍布祖国西南四省邻近县区，这些都可以很好地开展医疗卫生研学旅行。

四、研学旅行的保障措施

（一）纳入教学计划

在泸州市江阳区委、区政府的全力支持下，江阳区教育和体育局联合相关职能部门，出台了江阳区中小学校开展研学旅行的指导性文件，要求全区各中小学校结合江阳实际和各校校情，把推进研学旅行纳入学校工作计划，促进研学旅行活动在全区有力开展。各学校根据教育教学计划，安排小学四至六年级和初中一、二年级学生，开展富有地方特色的研学旅行活动，做到立意高远、目的明确、内容生动、研学有效。

（二）加强基地建设

江阳区教育和体育局等部门为加强研学旅行基地建设，专门印发了《关于命名江阳区研学旅行基（营）地的通知》，根据研学旅行育人目标，依托泸州全国历史文化名城、全国优秀旅游城市、全国园林城市等资源优势，鼓励校外相关机构，参照遴选研学旅行实践基地的文件要求，积极申报基地建设，并给予其政策与经费支持，对申报的实践基地开展评估，逐步建设一批分布合理、门类齐全、互联互通的研学旅行实践基地。

（三）建立联动机制

学校开展研学旅行活动，加强了与活动中涉及的交通、公安、旅游等部分的协调沟通，建立了学校领导、家委会代表、各级职能部门代表等组成的领导小组，推进了研学旅行联席会议制度。学校还邀请教育专家、有大型活动组织经验的教师、经常组织开展研学旅行的机构负责人等组建指导小组。学校也明确了每次研学旅行活动中教师、家长、学生、代理机构的各自权责，签订内容具体、切实可行的相关责任书，确保研学旅行活动多方联动，有序开展。

（四）规范组织管理

学校规范了研学旅行活动的组织管理，严格报批制度，经审核同意后才能开展。一是制定活动方案，对研学旅行活动的时间、内容、人员数量、活动地点、行走路线、交通工具的安全等都要明确可行。二是强化安全教育，将活动中的相关安全事宜以书面形式告知参与人员，签订安全责任承诺书，强化安全意识。三是严格过程管理，行前进行统一培训，一切行动听指挥，对突发事件及时启动安全预案。四是做好活动总结，积累研学旅行的工作经验。

（五）加强评价考核

江阳区逐步建立健全全区中小学生研学旅行评价机制。一是对学校研学成效的评价，逐步细化考核，作为对各学校综合考评体系的重要内容之一。二是对学生研学成果的评价，要求各校切合实际，制定具体的评价标准，将评价结果纳入学生综合素养评价中。三是对基地建设成果的评价，对建设成果突出的研学基地给予一定的经费支持。四是对机构活动组织的评价，定期评选优秀的研学旅行活动组织机构，对出现安全事故的活动机构实行一票否决。通过研学旅行活动评价跟进，持续推进工作规范开展。

学校大力开展研学旅行活动，是当前更好地实施"五育"并举、融合发展育人，更好地实施素质教育的重要途径与方法。学校与全社会应当更好地协同，进一步创新中小学生研学旅行活动的途径与方法，努力达成为党育人、为国育才的教育目标。

开展科技教育，感受科学魅力

近年来，泸师附小以科技教育为引领，认真组织开展青少年科技教育成效明显，使学校党支部、工会、少先队等群团工作得到有效夯实和延展，被评为"四川省科技教育示范学校"。

一、延伸群团触角，着力打造"特色社团"

（一）整合群团力量

学校党支部一直重视、关心和支持群团工作，将学校工会工作、妇女工作、少先队工作、科技工作与党支部工作统筹安排部署。坚持重大活动、重要事项都有群团组织参与谋划及实施，引导群团组织充分发挥主导作用，形成心齐、气顺、劲足的工作氛围。积极探索创新群团工作方式，将学校群团工作模式融入学校课程开发、团队培养、学生德育、家教指导、校园环境建设、课堂教学评价、课后服务管理、班级特色建设、学生社团建设、学生科技教育等环节，实现力量整合。

（二）培育社团细胞

为培养学生的个性特长，培养学生"自我教育、自我管理、自我评价"的"三自能力"，形成附小教育特色，学校大胆提出了构建"特色社团"的设想。每天下午第三、四节课，全校青少年学生根据自己的兴趣爱好，人人都参与社团活动，让学生在学习之余能各展其能、各尽其学，快乐学习、快乐成长。截至 2020 年，学校有国际数棋、科学实验等 60 余个社团。学校采取阶段性考评与形成性考评相结合的形式，评出一系列"明星社团""魅力社团""潜力社团"等优秀社团；针对学生个体，学校还会做跟踪记录，评出"社团之星""特长之星"等优秀学生 500 余名。

二、注重校外实践，全力拓展"群团阵地"

（一）设立团队"小课题"

学校团支部、少先队积极开展科技"小课题"研究，指导各中队自建研究小组，在辅导教师指导下开展实践活动，学生对其尤为喜欢。学校开展的"城市绿化保护生物多样性，改善生态环境实验""长江奇石及其开发利用研究"等多项"小课题"分获四川省青少年生物和环境科学实践活动大赛奖励。

（二）组织队员采风

学校每年举办一次外出采风活动，以班级、少先队中队为单位，组织学生亲近自然、感受自然、了解自然、热爱自然，从而树立远大的理想和志向。近年来，先后开展了到邻玉樱桃山寻找春天、到张坝风景区与桃花水母亲密接触、到驻泸部队了解现代军事科技、到酒业园区参观现代企业、徒步到自来水厂观摩自来水生产流程、到园区蔬菜基地参观现代农业等采风活动，学生参与率达100％，学生的团队意识和热爱大自然等情感得到明显加强。

（三）开设"第二课堂"

每年寒暑假，学校工会、团委、少先队等群团组织，帮助学生构建假期计划，让学生走进社区、工厂、实验基地与朋友、家长开展有趣的科技实践活动。学生通过青少年时代科学教育的熏陶和浸润，激发他们的创造潜能，给他们插上腾飞的翅膀。学校通过精心策划实践班级小主题、年级大主题、学校特色主题等走出校园的优秀实践活动，取得了丰硕的成果，实现了家长主动配合，学生自主参与、人人参与的科技教育理念。

三、创新群团活动，致力办好"科技大赛"

（一）举办科技节

学校在市区科协、教体局、科技局、环保局、妇联、团委等部门的指导下，认真组织每年三月份的主题科技节。通过开展"五个一"系列活动，即组织学生听一场科普报告会、观看一场科普电影、读一本科普书籍、举行一次科

技知识主题队会、制作一件科技作品，培养青少年学生的动手能力和创新思维。截至 2020 年，已成功举办校园科技节 31 届，观看各类科技影片 100 余部，评选学生优秀作品 600 余件。广大师生的创新意识、创作热情得到有效激发，科技节已成为学校对外宣传的一张名片。

（二）创作科幻作品

学校坚持以"科幻画"创作为抓手，将"以画育德，以画益智"为科幻画教育的基本价值取向，把它渗透到学校校园文化建设、少先队工作及课堂教学中，营造师生共同创作、一同参与的教育氛围。近几年来，学生的科幻画作品曾 24 人次获省级奖、136 人次获市级奖、348 人次获区级奖。学生的科幻画作品曾《海洋垃圾站》获第 30 届青少年全国科技创新大赛二等奖，学生科幻画作品《仿生学蜻蜓》等 2 件作品获第 30 届四川省青少年科技创新大赛一等奖。

（三）参加机器人大赛

学校把参加省、市、区的科技创新大赛及各级机器人大赛，作为重要中心工作来抓，列入学校年度工作计划。市区科协、教体局投入保障经费，落实奖励机制，学校多次参加各级竞赛，并取得了可喜的成绩。学校被评为"四川省机器人活动十佳学校""江阳区机器人活动示范基地"。2015 年，荣获亚洲机器人锦标赛中国赛区一等奖，并赴澳大利亚参加亚洲机器人锦标赛，取得了优异成绩。

学校群团组织更好地在学校领导下，协同配合学校做好教育教学工作，是新时期教育教学改革发展的趋势与要求。我们将做好课题研究，让学校群团组织发挥更大的作用，助推素质教育更好地发展。

平安和谐促发展

　　学校安全，重于泰山，生命不保，谈何教育？多年来，泸师附小认真贯彻落实《中小学幼儿园安全管理办法》等文件精神，始终把安全工作放在学校工作的突出位置。泸师附小从增强师生安全意识、强化学校安全管理入手，采取了一系列富有实效的举措，营造了一个安全、文明、健康的育人环境，有效地促进了学校的和谐发展，得到了各级领导的肯定，赢得了社会、家长和媒体的好评。

一、梳理安全隐患，积极主动防控

　　安全隐患并不可怕，可怕的是安全意识的淡薄，预防安全隐患关键在于如何查找、梳理和防控隐患。学校高度重视安全问题，制定了有效的《安全隐患排查防控制度》，落实到处室和年级，分工到人头，坚持学期期初和期终大排查、每周与每月小排查和随时抽查相结合的原则。学校坚持排查校园周边环境、门卫安保、设施设备、楼道疏散、集会活动等安全隐患，做到把安全隐患遏制在萌芽状态。例如，学校临靠主干道，学生上学、放学时学校附近私家车较多，经常造成交通堵塞，存在安全隐患。学校地处老城区凤凰山，周边环境较复杂，闲杂人员较多，加之凤凰山校门处是偏街小巷，小摊小贩多，存在很多突发性安全隐患。学校校园面积狭小，在校学生人数多，学生上下课、集会、放学等在上下楼梯中均存在安全隐患等。

　　针对上述安全隐患，学校多次向上级汇报，争取有关部门支持。交警部门积极行动，在上学、放学的高峰时段，安排警力到学校附近执勤，形成了有效的交通保障。公安、街道、城管等部门多次行动，规范学校周边治安秩序，校园周边环境有了较大改观，学生安全得到了有力保障，学生家长可以安心了。

二、强化安全管理，细化安全责任

安全管理重在落实，安全措施关键在有效。为确保学校安全工作正常开展，学校有针对性地制定了《安全管理办法》《教师安全工作职责》《学校安全工作应急预案》等一系列安全管理制度。建立机构、健全机制，细化安全责任与分工，层层签订《安全工作目标责任书》，实行教师安全责任事故一票否决制，有力地增强了全校教职工安全工作的责任心，使学校安全工作做到"处处有人管，事事有人问，件件有人办"。学校为把安全工作落到实处，制定了安全管理"十大举措"，杜绝了各类安全责任事故的发生。"十大举措"详情为：教职工"轮流坐班"，学生安全"双班主任"制；学生集会课间操时段，班主任教师跟班，其他学科教师楼道值班制；校外人员确需进出学校，实行安检登记核实制；行政领导、护校队员、值周班级联合值班制；低年级学生放学送到指定地点由家长接送，全校学生排队放学制；节日放假及学校重要事项书面通报家长制；年级主任安全责任负责制；每周教职工大会，安全焦点通报制；每周班队课，学生安全行为评价制；每月坚持开展师生安全应急模拟演练制。

三、夯实安全教育，提高安全意识

学校安全工作的落实程度，取决于教职工的安全意识和责任心，安全教育先行，珍惜生命从细节抓起。学校在狠抓安全管理的同时，十分注重师生安全意识的提高和良好安全行为的养成，从根本上预防安全事故发生。

（一）强化宣传教育

学校因地制宜通过宣传栏、黑板报、电子屏幕、校园广播等阵地，广泛宣传消防、交通、饮食卫生、防溺水等方面的安全常识；通过丰富多彩的主题班队会、中队安全主题朝会展示，对每位学生进行交通、消防、自我防护、自救知识等安全教育，提高全体师生的安全意识和自我防护能力，营造"人人讲安全，处处讲安全、时时讲安全、事事讲安全"的浓厚氛围。

（二）强化养成教育

养成教育是未成年人思想道德教育的重要基石，是青少年教育工作的重要内容。多年来，学校坚守"创生和雅乐章，演绎生命精彩"的育人理念，建立

"和雅德育文化"，推崇"绅士淑女"教育思想，推行班级精细化管理，要求各班围绕《小学生文明礼仪规范》和《泸师附小学生常规要求》，持之以恒地开展一系列富有成效的养成教育活动。

学校实行"五好"教育活动，即文明礼貌好、安全行为好、遵纪守法好、学习习惯好、勤俭节约好；"七优星"评选活动，即早读优、午读优、保洁优、锻炼优、礼仪优、排队优、静校优；课间活动"四不要"，即不追、不跑、不打、不闹；放学路上"八不准"，即不在放学路上逗留，不乱买零食吃，不损坏公共设施，不进电子游戏室和网吧，不与社会闲杂人员，不私自下河游泳，不打架斗殴，没有经过家长的允许不到同学或亲戚家。

在措施上，学校努力做到周周有安排、有重点、有检查、有评比、有总结，严格训练，反复要求，使"养成教育"成为教师的自觉行为，使养成良好习惯、养成良好品质成为学生内在需求。全校形成了教师争做"儒雅之师"，学生争做"文雅之生"的良好校风。

（三）强化重点教育

学校针对学生中存在的安全重点问题，开展了学生心理疏导教育活动，以及"我为学校添光彩　争做文明小学生"行为习惯教育月活动。大力宣传身边的文明人和文明事，教育引导青少年从小事做起，做好身边事，为建设"文明校园、平安校园、和谐校园"做出不懈努力。

四、家校共育联动，构筑安全屏障

学校安全工作必须综合治理、齐抓共管、常抓不懈，才能标本兼治。家庭与学校共同教育孩子，公安、交警、城管、消防与学校联合行动，构筑学校安全工作的坚固屏障。

长期以来，学校安全工作始终坚持依靠家长共同教育孩子，联动社区、公安、城管、消防等单位，协同治理学校安全。在工作中积极听取各种意见和建议，定期加强联系，切实做好安全工作。凡遇学期期初期末、寒假暑假、传统节日等放假之前，凡遇学校大型活动之时，学校都会给家长一封信，在第一时间告知家长，力求得到家长的配合和支持，保证学生安全，严防发生安全事故。

一直以来，泸师附小对安全工作都高度重视，实行精细化管理，常抓不懈、常抓常新，坚持天天讲、时时抓，安全意识深入人心，安全行为自觉自

律。多年来，学校未发生较大安全事故，即使在校园重建分散教学的艰难时期，学校也从未发生安全事故。

今后，学校将继续认真学习和贯彻上级有关安全工作的精神，进一步树立"安全工作大于天"的思想，强化安全工作力度，本着为学生生命负责的原则和为国家财产和社会安定负责的态度，更加扎实有效地抓好学校安全工作，为进一步建设和谐平安校园而努力。

 中篇　教学视窗

推进"五育"融合，变革育人方式

华东师范大学宁本涛教授指出，"'五育'融合不是'五育'并举，更不是德智体美劳的简单拼凑和叠加，而是通过'五育'各育融入学生课程、活动中，并相互渗透，从而实现不同于各育的一个新事物——一个整体的'五育'的整合生成体"①。宁本涛教授的研究，为学校推进"五育"融合、变革育人方式提供了有益的思考。学校通过"五育"互育和有机融合，促进学生全面发展。

一、培育"五育"融合优质师资

（一）更新教育观念

2020年，学校加强了对《关于全面加强和改进新时代学校体育工作的意见》《关于全面加强和改进新时代学校美育工作的意见》《关于全面加强新时代大中小学劳动教育的意见》等文件的学习，让教师树立科学成才观，让学生以德为先、能力为重、全面发展、个性成长。学校完善德育评价，强化体育评价，改进美育评价，加强劳动教育评价，严格学业标准，贯彻落实新时代党和国家对教育的新要求，更新教育观念，指导教育教学工作。

（二）提升教师素养

发展是第一要务，人才是第一资源，创新是第一动力。教育发展的关键应是以教师为本。那么，如何提高教师的专业素养？各级党委、政府要进一步采取强化教师入口关、加大教师培训培养计划、构建名师名校长激励机制等措施，推进教师的专业发展。而学校层面要强化校本培训，认真做好四方面的

---

① 宁本涛：《"五育"融合：何谓、何来、咋办？》，《今日教育》，2020年第4期，第11页。

工作。

推进老中青分层。对新入职教师，学校要开设师德涵养、教学技能、班级管理等专题培训课程。对成熟型教师，学校要抓好外出学习、参与赛课、课题研究、评优晋级等关键时间、关键人物、关键事件，助他们一臂之力，让他们更好地成长。对卓越型教师，学校要为他们建立名师工作室，发挥他们的示范、引领和辐射作用，让他们带队伍，帮助青年教师更快更好地成长。

各学科齐头并进。学校要综合考虑各学科组教师专业素养的整体推进，为各学科组教师腾出时间与空间。

教与研互补共生。学校既要关注教师的教学，也要关注教师的研究，激发教师走上教育教学研究之路，让他们能上课、能言说、能写作，使其成长。

现代与传统相融。线上与线下混合式教学将成为未来教育的新常态，学校仍然不能忽略三笔字、简笔画、普通话、简易教具等传统教学媒体的价值。现代教育技术与传统教学媒体的运用，应该是两驾马车，一起前行。

（三）统整多方力量

教师是学校教育教学工作的主要承担者。一个广受学生欢迎的教师，应该是一个具有课程智慧、教学智慧、管理智慧及人格魅力的人。学校要全力提升教师的业务素质，促进教师的专业成长，推动教师育人方式变革。同时，学校还要统整多方力量：一是统整家长力量。学校可以与特长丰富、对学校工作支持、愿为学校教育教学出一份力的家长进行联系，教给他们必要的教育教学方法，让有特长的家长走进课堂。二是统整公益机构力量。学校可以与当地科协、妇联、团委（少工委）、关工委、青少年宫、家庭教育协会、博物馆、图书馆、高等院校等社会公益机构和教育志愿者有效合作，做好教育教学工作。当前的博物馆课程能较好地推进，也正是得益于这样的帮助。三是统整地方工匠资源。泸州独特的地域文化优势，滋养了一批优秀的地方工匠，如泸州老窖酒文化、川剧、泸州茗茶、民间竹编工艺、江阳油纸伞等非物质文化遗产传承人；还有在文学、书法、音乐、器乐、舞蹈、体育等方面很有造诣的地方文化名人……学校与他们协商，向他们颁发聘书，请他们为学校教育教学提供服务。

二、推进"五育"融合课程建设

（一）学段融会贯通

教师除了要知晓本学段本学科专业知识，还需要熟悉学科前后的知识衔接，从而实现学科课程教学中起承转合的功能。为此，教师要做好学段融通，减少各学段的连接障碍，实现各学段间的知识畅通。例如，体育课创新课节数安排方式，每班安排两节专业体育项目课，一节常规体育项目课，如高段的一节篮球专业课、一节足球专业课、一节体育常规课。音乐课开展器乐进课堂，一节统编教材课，一节口风琴、葫芦丝、竖笛等小型器乐课。美术课实施国家课程与地方课程有机融合，一节统编教材课，一个年级一项地方美术传统项目。这些课程安排既能让学生有必备的体育或艺术素养，也能让学生在六年的小学生活中掌握一项以上的体育或艺术技能。

（二）学科课程整合

在推进"五育"融合过程中，教师要以学科为基点，打破学科壁垒，拓展教学内容，优化教学结构，改进教学策略，以多学科融合来激发学生的学习兴趣，提升学科课程整合学习效果。例如，数学教师以"轴对称图形"这一教学内容指导学生进行"轴对称图形"知识的学习，品德与社会教师以"老北京城中轴线建设"为主题对学生进行爱国主义教育，体育教师与学生一起创编以"轴对称"为主题的简单体操动作，美术教师引导学生欣赏与创作"轴对称图形"画作，而劳动教师指导学生开展以"轴对称"为主题的手工制作。

（三）校本课程特色

校本课程能凸显学校与教师的智慧。学校为落实国家课程标准、提升教师课程设计力，让教师树立"学生即课程资源、教师即课程资源、家长即课程资源、社区即课程资源、时代即课程资源"的校本特色课程建设理念，使教师为学生提供更加丰富多彩的课程资源。同时，教师要在实践活动中进行各方面的能力融合，为学生创设参与性强的学习活动，将学科知识融入活动课程中，通过营造活动、情境等，让学生在"做中学、学中做"，使他们不断积累、体验、内化，使他们形成"具身认知"。例如，学校开设了"研学旅行在江阳""纸韵梨园工作坊"等地方课程，设立了仁孝节、读书节、体艺节、英语节、科技

节、器乐节——"校园六节"的节庆课程，开发了"创客教室""校园气象播报"等社团课程和"五月五过端午""月明中秋""童声颂抗疫"等时代课程等。此外，学校还整合了各教研组的力量，围绕一个主题，整体谋划，将与主题相关的学科内容一并纳入，开展主题课程群教学，让学生拓展知识宽度与深度。例如，2020 年秋期学校开展了"'醉美泸州'主题课程群教学"：德育板块是国家历史文化名城（如名酒文化、生态文化、红色文化、历史文化、长江文化）；智育板块是与泸州相关的经典古诗词，以及泸州地域面积、人口数量、经济指标、交通旅游、矿藏资源等；体育板块有泸州传统体育项目、优势体育项目（如体操）；美术板块有地方名家（如蒋兆和、王朝闻）作品赏析、地方美术特色；音乐板块有"泸州河"川剧、泸州地方歌曲（如《醉美泸州》《请到泸州来》《醉江阳》等）；劳育板块有楼顶的"东篱园"传统种植基地、操场边的"无土栽培"国家新兴农业实践体验等。

三、革新"五育"融合课堂样态

教学有法，但无定法，贵在得法。学校积极倡导"双主体"课堂教学理念，充分践行教师是教育教学工作的主体、学生是学习活动的主体；构建教室小课堂、校园中课堂、社会大课堂，拓展学生学习时空；优化教学环境与教学方式，促进现代信息技术与课堂教学的深度整合，充分利用学校高清录播教室、校园电视台等，建设"专递课堂""名师课堂""名校网络课堂"资源库；转变师生教学关系，努力让师生乐教乐学、活教活学、教好学好。同时，教师还要选用适切的教学方法，革新新时代课堂教学样态：理想课堂的参与度、亲和度、自由度、融合度、延展度、练习度——"六纬度"，学生"六步自学法"、教师"六环引导法"的自导式教学法，融创课堂的技术融入、学段融通、学科融合、生活融贯的"四融"……学校着力探索基础课程"三部九环"教学、拓展课程"单元式"教学、活动课程"模块化"教学、研究课程"主题性"教学等，掀起了新一轮课堂教学革命。

四、构建"五育"融合评价体系

（一）科学运用四类评价

评价要坚持问题导向，破立并举。学校按照《中共中央　国务院深化新时代教育评价改革总体方案》的文件精神，结合学校教育教学工作，"坚持科学有效，改进结果评价，强化过程评价，探索增值评价，健全综合评价"。引导教师科学运用四类评价，不断创新评价方法，促进学生全面而有个性地发展。尤其是对于增值评价，教师运用得较少，学校组织全体教师进行专题解读，邀请专家进校指导，充分发挥增值评价与运用较多的结果评价、过程评价、综合评价的育人功能。

（二）完善区域评价体系

多年来泸师附小对学生品德发展水平、学业发展水平、身心发展水平和兴趣特长发展水平的评价有较好的实践基础，有力地推进了全区素质教育发展。在区域层面，学校还要进一步完善学生劳动实践发展水平、学生全面而有个性发展水平等评价指标。学校要认真学习、领会各级政府、教育行政部门颁布的政策文件，领会文件中对教育的新要求，进一步创新开展素质教育质量评估学校考核办法，为区域完善新的评估指标提供校本案例。

五、营造"五育"融合生态环境

（一）党政群推动

当前，泸州市城乡教育、新老城区教育资源配置仍然有较大差异，各级党委、政府仍需加大对教育的均衡投入，从政策、制度、硬件等方面为教育提供保障。家长与社会对教育的认识依然存在疏德、偏智、弱体、抑美、缺劳——"'五育'缺失"问题，形成"育分"不育人的情况。各级党委、政府、教育行政与业务部门、群团部门等应当齐心协力，加大宣传力度，转变家长与社会对教育的理解偏差，努力营造"五育"融合发展的教育生态环境。如泸州市教体局、市科协等部门每年组织覆盖全市中小学校的科技创新大赛，有科幻画、科技影像、数棋、科技创造等多种形式，使学生科技方面的脑洞大开。泸州市委宣传部、市教体局共建思想政治工作研究会，每年开展思政教学名师与思政教学改革优秀成果评选活动，使思想政治教育落地生根。又如，泸州市龙马潭区教育行政部门构建"充满生命活力"的课堂教学运行体系及相关机制的实践探索。通过创新构建中小学课堂教学运行体系，整体推进"活力课堂"建设。确立中小学课堂教学遵循"以学定教"教学原则，落实"课堂焕发生命活力和自主高效教学标准"两个教学导向，开展"基线教学兜底、高线教学达标、红线

"负面根除"教学三线治理，整体建立"确立理想课堂的目标导向机制、实施教师立体式研修的激励驱动机制、建立课堂教学行为诊断的改进机制"，成效明显。

（二）大中小一体

学校要全面推进"'五育'并举，融合发展"的育人方式变革，促进学生全面而有个性的发展。为此，区域范围内的中小学校、幼儿园等各级各类学校应齐头并进，既要有教育发展的全局观，更要有教育改革的生命力。如泸师附小与重庆文理学院、泸州职业技术学院共建教育教学实践基地，与泸州第十五中学校、泸州市人民南路幼儿园共同探索"五育"融合中小幼一体衔接实践模式，落实立德树人的根本任务。泸师附小城西学校与西南医科大学共建思政一体化合作单位，聘请该校马克思主义学院五位专家为泸师附小城西学校思政课一体化建设指导教师，通过双方合作"大手牵小手"，推进资源整合，充分发挥"1+1>2"的教育成效，实现教学研究的互通、教学资源的融通、教师培养的贯通。

（三）家校社协作

家庭是人生的第一所学校，家长是孩子的第一任教师。家庭、学校和社会三者之间要协作，以帮助孩子扣好人生的第一粒扣子。学校引导家长在家校合作中做好"当好家长、家校交流、志愿服务、家庭辅导、参与决策、社区协作"六方面工作；学校积极寻求支持，有效统整社区资源，建设社区教育联盟，共建校外教育实践基地等，推动社区在教育良好生态建设中发挥积极的作用，促进学校、家庭、社会教育共建共享。如泸州市委宣传部、泸州市教体局在泸师附小等学校挂牌建立了"泸州河"川剧艺术传承基地。泸师附小与泸州市博物馆、泸州市社会福利院等共建德育实践基地；泸师附小还围绕"泸州老窖传统酿酒技艺"创建线描写生、版画、彩墨画、高粱种子贴画、酒瓶彩绘、黏土浮雕等学生艺术社团，建设了"凤凰艺苑"师生艺术作品展览馆，培养学生对艺术的感知与欣赏、表现与创造、反思与评价、交流与合作等艺术能力。

学校努力推进"'五育'融合"，变革育人方式，不断提升学校办学内生动力，凝聚地区全域教育智慧，创办公平而有质量的教育模式，培养德智体美劳全面发展的社会主义建设者和接班人。

传承红色基因，争做时代新人

2020 年 7 月，习近平总书记在致信中国少年先锋队第八次全国代表大会召开时强调，"新时代，少先队要高举队旗跟党走，传承红色基因，培育时代新人，团结、教育、引领广大少先队员做共产主义事业接班人，为坚持和发展中国特色社会主义、实现中华民族伟大复兴的中国梦时刻准备着"[①]。

为庆祝中国共产党成立 100 周年，深入学习贯彻习近平新时代中国特色社会主义思想，加强党史学习教育，做到学史明理、学史增信、学史崇德、学史力行，引导广大中小学生坚定不移听党话、跟党走，让红色基因、革命薪火代代传承，2021 年 3 月，教育部办公厅印发了《关于在中小学组织开展"从小学党史，永远跟党走"主题教育活动的通知》，决定在全国中小学组织开展"从小学党史，永远跟党走"主题教育活动。

泸师附小是一所具有悠久办学历史与红色革命传统的学校。新中国的缔造者之一、革命家朱德在护国战争驻防泸州期间，曾兼任学校学监。中国共产党早期领导人之一、革命家恽代英 1921—1922 年曾担任学校校长，并于 1922 年 5 月在泸州成立了四川省第一个社会主义青年团，宣传马克思主义，为革命事业培育青年骨干力量。在此期间，革命先烈李求实、萧楚女等也曾在校开展革命活动。

泸师附小为贯彻落实习近平总书记"把红色资源利用好，把红色传统发扬好，把红色基因传承好"的指示，学校党团组织及少工委从少先队员熟悉的学校及本地红色文化入手，认真开展"传承红色基因，争做时代新人"主题教育活动，进一步增强队员们的时代责任感和使命感，让他们在实现伟大中国梦的实践中放飞青春梦想。

---

① 杨迅、易舒冉：《习近平致信祝贺中国少年先锋队第八次全国代表大会召开强调 传承红色基因培育时代新人 团结教育引领广大少先队员做共产主义事业接班人》，《人民日报》，2020 年 7 月 24 日第 1 版。

一、课程内容与目标

通过"红色附小之校园记忆"活动，泸师附小学子对母校红色文化有了进一步的认识和了解，崇尚革命先烈，更好地学习和传承母校老一辈师生的精神，明白幸福生活来之不易。

通过"红色泸州之革命传承"活动，泸师附小学子对家乡红色历史有了进一步的理解，从小学习做人、从小学习立志、从小学习创造，从内心生发出"树远大理想，立报国之志"的激情与理想。

通过"红色学子之百年约定"活动，泸师附小学子进一步学习了中国共产党成立 100 周年的光辉历史，激发其爱国情怀和报国之志，培养其爱党、爱国、爱人民的责任感和使命感，争做新时代的好少年。

二、课程管理与保障

学校为扎实开展"传承红色基因，争做时代新人"的主题教育实践活动，坚持早定案、巧安排、多协调的原则，做到家庭教育、学校教育、社会教育协同一致，学校各部门协同推动方案落实工作。

（一）制定课程方案

由学校党支部负责牵头，少先队大队部负责活动的具体实施、学习宣传、家校联系、课题研究等方面的工作。在收集各部门意见和建议的基础上，少先队大队部积极探索，寻求新颖的载体开展主题教育活动。

（二）部门协同推进

由办公室负责宣传报道、安全预案与保卫工作等，由教科处负责课程安排、案例收集整理等，由德育处负责师生作品展演等，由总务处负责后勤服务。各部门优化活动流程，整体推进教育活动开展。

（三）强化教育实效

学校通过宣传，让全校教师、学生和家长共同参与，积极推动主题活动往趣走、往心走、往实走。学校通过宣传增强主题教育活动的针对性、实效性和感染力，确保教育活动取得实效。

三、课程实施与评价

（一）红色附小之校园记忆

（1）了解红色文化。

学校开展了"代英党建"系列活动。学校坚持在全校教师尤其是党员教师中开展"代英党建"系列活动，对教师进行党史校史教育。学生在教师的带领下了解学校校史、校训（立志做人、刚健刻苦、周密恒久）、校风（立志、好学、求活、创新）、校歌（《我们从这里走向未来》），了解校徽、校旗、校园吉祥物及寓意。

（2）追寻红色记忆。

学校开展了"雕像的红色记忆"主题活动。全校少先队员们留心观察校园里的恽代英先烈雕像，通过查阅资料，进一步了解朱德、恽代英等革命先烈在酒城泸州开展的一系列革命活动，学习先辈们的革命精神。

（3）讲好红色故事。

学校开展了"代英像前学党史"主题活动。如学校党支部组织开展的"学党史缅怀先烈，不忘初心担使命"党史学习教育活动，此活动视频2021年在"学习强国"等媒体平台展播。少先队大队部还开展了"红色基因我传承"主题演讲比赛，各中队开展了"中国青年的楷模——恽代英"红色故事我来讲的主题活动。

（4）交流红色感悟。

学校开展了党史学习感悟交流活动。在讲好校园红色故事、校园红色情景剧表演等活动中，作为泸师附小的学子，我们有什么想对恽代英校长说的呢？站在学校的"泸师附小——梦开始的地方"主题文化长廊边，一起交流各自的理想吧！

（二）红色泸州之革命传承

展开泸州现代历史的画卷，在这片红色的土地上，许多仁人志士为我们播下了革命火种，他们抛头颅、洒热血，谱写了一曲曲革命的赞歌，四渡赤水纪念馆、泸州市况场朱德旧居陈列馆、泸顺起义陈列馆等均在泸州这片热土上。学校少先队大队部充分挖掘泸州红色革命教育基地资源，组织开展研学旅行"红色行动"综合实践活动。

如学校组织一年级新生在每年的 9 月 1 日开展"走进红色附小，瞻仰恽代英塑像"活动；组织二年级学生在每年清明节，开展走进烈士陵园扫墓，献礼"我心中的革命英雄"诗歌朗诵活动；组织三年级学生在每年 12 月 1 日泸顺起义纪念日这一天，参观革命教育基地——泸顺起义纪念馆；组织四年级学生在每年国庆节参与"为祖国点赞"主题班队会活动；组织五年级学生在每年 10 月参加重走"长征"路的实践活动；组织六年级学生在每年 7 月毕业季参与"礼赞红色附小"毕业典礼活动。每个年级的实践活动应长期坚持开展，主题不变，形式多样，深受学生喜爱。

学校少先队大队部通过朝会、主题班队会、"小凤凰"广播站、板报宣传栏、校刊、网站、微信公众号等营造学习氛围，组织教育活动，展示学习成果，使每一个队员都形成"认知—明理—传承—践行"的自觉意识，树立起"传承红色基因，争做时代新人"的良好品德。

（三）红色学子之百年约定

学校少先队大队部以《教育部中小学生守则》《共青团中央　教育部　全国少工委等印发的关于构建阶梯式成长激励体系增强少先队员光荣感的指导意见》《教育部办公厅关于在中小学组织开展"从小学党史，永远跟党走"主题教育活动的通知》为指导，结合各级各部门组织的庆祝中国共产党成立 100 周年活动对少年儿童的要求，开展以"爱的教育"为核心的相关活动。

（1）热爱中国共产党。

学校组织开展了"童心向党，童谣传唱颂党恩——学童谣、唱童谣、传童谣""童心向党，唱支山歌给党听——现场演唱　亲子共唱""童心向党，党的光辉照我心——观红色影片、访革命旧址、瞻仰红色遗迹""童心向党，经典诵读悟初心——中华经典诵写讲演系列活动""行红色长征，忆苦难辉煌""红色故事我来讲，红色基因我传承"演讲与情景剧表演等主要活动。各年段目标具体要求如下。

低年段：知道一些经典革命事迹、党的好孩子的故事，能较流利地讲给别人听。接受队前教育，牢记"六知六会一做"的内容，时刻以一名少先队队员的标准要求自己。"六知"是指知道队名、标志、队旗、队礼、创立者和领导者，"六会"是指会戴红领巾、会呼号、会读入队誓词、会敬队礼、会唱队歌、会唱国歌，"一做"是指入队前按队章要求做一件好事。

中年段：认识党旗、党徽，初步了解中国共产党的历史。知道一些优秀共产党员的先进事迹，了解部分革命先烈的感人故事，学习他们的优秀品质。增强对党的热爱之情，表达对党的赞美之情。

高年段：认真学习党史，不断了解革命先烈的英雄事迹，继承和发扬革命传统，学习先进人物全心全意为人民服务的初心使命，树立远大的志向。能讲英雄的故事、优秀党员的故事，真切认识到只有中国共产党才能救中国。在感知党、认知党、赞美党的过程中，加深对党的了解，增进对党的热爱，从小立志报效祖国。

（2）热爱祖国。

学校组织开展了"我听爷爷（奶奶）讲那过去的故事"故事演讲。"家乡新变化"美拍，爱我中华知识竞赛，"我和我的祖国"故事演讲，爱国主义影片观后感、爱我中华征文、我为祖国点赞网络寄语，"知规章、守纪律""从某一违法乱纪现象说起"主题班会，法律知识竞赛，"热爱自然，珍爱动物""厉行节约，光盘行动"等主要活动。各年段目标具体要求如下：

低年段：知道自己是中国人，知道国名、国庆日和首都，知道要尊敬国旗、国徽，初步认识祖国的版图，会唱国歌，奏国歌时要立正，升国旗时要行礼。

中年段：知道一些爱国志士、民族英雄、革命英烈的先进事迹，学习他们的爱国主义精神。知道我国是一个多民族国家，有悠久的历史、灿烂的文化，使学生树立起民族自尊心和自豪感。

高年段：了解家乡的可喜变化，知道祖国在不断前进。知道我国仍处在社会主义初级阶段，要发奋图强、艰苦奋斗，为祖国的统一富强而努力学习。理解中国共产党过去领导人民建立新中国，现在领导人民进行社会主义现代化建设，从而更加热爱祖国。

（3）热爱人民。

学校组织开展了"我的自白""我给爸妈画张像""献给妈妈的歌""我给教师写颁奖词""我来夸夸他（同学）""爱心献给特困生""寻找身边的榜样""学榜样，见行动"，"真善美与假丑恶""文明礼仪我知道"，"心连心、手拉手——给山区小朋友写封信"等活动。根据各年段特点，具体开展了如下活动：

低年段：在家长的带领下，会为家、为班队做好事。填写《队前教育过程评价表》，为加入少先队积极行动。

中年段：开展"一言一行见公德"道德实践活动。每一个孩子不仅要为家、为班队、为学校做好事，还要通过"小手拉大手"，带领家人一起为社会做好事。

高年段：在力所能及的范围内为家、为班队、为学校、为社会做好事。用自己的眼睛去寻找身边的榜样，并用不同的形式记录下来，为找到的榜样写颁奖词，并在日常的生活与学习中向他们学习。

学校围绕庆祝中国共产党成立 100 周年，建构与实施的"传承红色基因，争做时代新人"红色基因课程，充分挖掘少年儿童身边可感可知的资源，设计了一系列有益、有味、有爱的活动。自活动开展以来，学校通过"自我评价—小组评价—教师评价—家长评价—社会评价"等方式，引导少年儿童积极践行社会主义核心价值观，大力弘扬以爱国主义为核心的民族精神，推进少年儿童思想道德建设，让少先队员们积极争做德智体美劳全面发展的新时代好少年！

学校在线课程的开发与设计

2020年的春节，注定让人难忘，这个寒假也注定非比寻常。因为受新型冠状病毒肺炎疫情影响，学校不得不延迟开学，改变了学生的学习和生活节奏。

2020年2月，《教育部办公厅　工业和信息化部办公厅关于中小学延期开学期间"停课不停学"有关工作安排的通知》指出"停课不停学"，要坚持把做好疫情防控工作放在首位，维护广大师生健康安全；坚持将国家课程学习与疫情防控知识学习相结合，注重加强爱国主义教育、生命教育和心理健康教育，鼓励学生锻炼身体、开展课外阅读；坚持学校教师线上指导帮助与学生居家自主学习相结合，限时限量合理安排学习。因此，学校及时制定了新型冠状病毒肺炎疫情防控期间"停课不停学"的实施方案，组织全校教师充分利用学习资源，对在线课程进行开发与设计。

一、学校在线课程要有厚重的德育课

大自然为人类提供了赖以生存的一切，在大自然面前，人类就像一棵脆弱的小草。我们要教育学生感恩和敬畏大自然，给学生进一步补上重要的自然生命课，因此，学校结合实际，开发设计了"战'疫'·德育课"。

（一）敬畏自然，珍爱生命

人类生活离不开自然，绿水青山就是金山银山，作为全国文明校园的学子，我们要更加热爱自然，与自然和谐共处。学校推出"生命大课堂"系列教育活动，通过微课录播、直播，推荐学生通过观看网上云课堂等方式学习与自然生命相关的课程，让学生在网上签到、写感悟，使学生懂得敬畏自然、珍爱生命，在自然和谐中共享生命之美、生活之美，实现天更蓝、水更清、山更绿、人更美。

（二）感恩祖国，致敬英雄

中华民族屡经挫折而不屈、屡遭坎坷而不衰，是英雄辈出的伟大民族。1998年洪水、2003年非典、2008年地震，一次次危难，促使我们更加团结，激发我们迎难而上。再看今天，在这场没有硝烟的新型冠状病毒肺炎战"疫"中，无数平凡的人义无反顾地冲到抗击疫情的第一线；多少"白衣天使"舍小家为大家，无畏出征，与时间赛跑；多少党员干部冲锋在前，多少新闻工作者战斗在一线；多少社工志愿者，夜以继日，默默守护，为人民群众筑起牢固的"防疫墙"。面对疫情，这些新时代最可爱的人，果敢逆行、无畏奔赴，他们有着钢铁般的信念和坚如磐石的初心，他们用爱与责任守护着大家的美好家园。学校构建"战'疫'课程群"项目学习，引导学生用小画笔致敬大英雄，一幅幅精美的画作体现着他们对英雄的敬佩；引导学生用小信封寄托大温暖，一封封温情的感谢信浸透深深的感恩之情，一篇篇倡议书诚挚地提醒广大市民戴上"身心防护口罩"，一份份"抗疫"英雄小记者记录、讲述身边人物的榜样故事，让学生更懂得感恩祖国、尊敬英雄。

（三）牢记担当，追逐梦想

国家兴亡，匹夫有责。少年强则国强，少年智则国智。学校开发了"中国梦·我的梦"生涯规划综合实践课，引导学生汲取知识、储备能量，树立远大志向。因为未来有无数挑战，等着学生去面对、去迎战。鼓励学生做刻苦钻研、锲而不舍、学识渊博、实事求是的未来"科学家"，对人民、对国家饱含深情；鼓励学生做不怕危险、逆向而行、救死扶伤的未来"医护人员"，成为人们心中的"定心丸"……为众人抱薪者，必为人民所铭记。

二、学校在线课程要有自主的智育课

虽然疫情影响了学校的正常开学，但党和政府高度重视学生的学习，学校与家庭也始终关注着学生的成长，因此，学校开发设计了"战'疫'·智育课"，全力应对"停课不停学"这种新的学习方式。

（一）指导学习方法

学校在第一时间录制了《写给孩子的"云上学习"指导书——给全校学生的一封信》视频微课，选送到四川省教育资源公共服务平台"停课不停教　停课不停学"数字资源专区"名师谈教育"栏目展播，并在《中国教师报》上及时刊载，作为一份特殊的远程礼物，给学生提供了"云上学习"。学校的《家校合作战"疫"，助力孩子成长——给全校家长的一封信》、班主任的《"疫"路有你，共同成长——给全班家长的一封信》等书信互动，指导家长帮助孩子在线学习。各班教师和家长合力制定"云上学习"课程表和作息时间表，做到"一班一案"，符合各班实际的"书房课堂"一日常规、"书房课堂"家长职责、"书房"健康快乐成长奖励卡等应运而生。

（二）云上在线学习

教师耐心指导学生利用云教电视课堂课程内容进行学习，同时开展课堂直播、精心录制微课，设计丰富多彩的学习活动，第一时间给学生送去知识给养，与学生交流互动，为学生答疑解惑。教师每天在网上与家长分享学生的学习成果：干净整洁的作业、构思奇特的画作、设计精美的手抄报、强身健体的啦啦操、快乐分享的好书、悠扬悦耳的歌声……教师建立起"只隔空不隔心"的"网上课堂"，让学生在这个特殊的时期也能收获满满。

（三）宅家自主阅读

学校开展了"春日宅家阅读"系列活动。作为中华优秀传统文化教育促进会颁授的全国"最美诵读"实验校，语文教研组在第一时间行动起来，各年级组语文教师群策群力，为学生推荐适合的阅读书目，家委会也迅速行动起来，在网上为学生采购补充图书，供学生阅读。学校德育处还组织了"战'疫'"主题征文活动，在学校微信公众号、学校网站《凤凰小作家》栏目及时刊发师生及家长的文章；数学教研组、科学教研组等也向全校学生及时地推送数学文化、科普读物等阅读书目，让学生在家也能实现自主阅读。

三、学校在线课程要有互动的体育课

疫情防控至今，学校和家长共同建立起"战'疫'·体育课"。这是师生提高身体素质的加油站，师生与家长一起认真学习防护知识与防护技能，保持积极乐观的心态，加强体育锻炼，增强身体素质。

（一）做好居家防控

学校指导学生努力做好健康防护，不外出、不聚集、不信谣、不传谣，这

既是对自身的保护和爱惜、对别人的负责和关爱，也是对国家的支持与贡献。每一个家庭都应该遵守疫情防控要求，如每日量体温，不去人群聚集地，出门戴口罩，勤洗手，常通风。通过开展线上活动，学生深刻感悟到这些砥砺前行的逆行者——抗疫一线的医务工作者、志愿者、解放军、党员先锋、媒体记者不分昼夜在抗疫战场上忙碌的身影，汇聚成了打赢这场抗疫阻击战的中国力量。一个个小家，要认真做好安全防护，让"逆行者"的努力不白费。

（二）展示运动技能

学校体育教研组每天通过微课推送适合、有趣的居家体育锻炼方法与运动项目，如热身运动、眼保健操、广播操、武术操、五步拳、八段锦、街舞、瑜伽等。宅家的日子里，家长与学生每天跟随体育教师推送的丰富多彩的微课进行锻炼。体育教师还给全校师生、家长分享了一些室内小游戏，帮助大家及时释放压力、调节身心。在线体育课一经推出就获得了师生、家长的广泛好评。家长和孩子每天一起开展一小时的室内运动，让每一个家庭都充满了活力。

（三）保持心理健康

宅家的日子，聊聊亲子心语，平时不愿意讲、没时间讲的话，趁此机会敞开心扉，诚挚地说一说，相互理解之后的亲情会更温暖。面对疫情防控的严峻形势，学校与家长密切配合，解决学生遇到的各种问题。有的学生在线学习后显得无所事事，面对疫情的蔓延焦虑不安，因迟迟不能开学而忧心忡忡，抑或因网络上的各种谣传而恐惧担心……学校心理教师通过"阳光小屋"健康平台，与学生在线交流，对学生进行心理疏导，走进孩子的内心世界，倾听孩子内心最深处的声音。学校鼓励学生遇到问题后及时给教师打电话、发信息，虽然未开学，但教师依旧牵挂学生，愿意倾听学生的心声，鼓励学生。

四、学校在线课程要有鲜活的美育课

为了让学生在家的日子，也能秀出自己的才艺，学校推出了"战'疫'·美育课"。家庭与学校一起为孩子打造居家娱乐方式，拿起喜欢的乐器、沉下心画一幅画、展开宣纸挥毫泼墨等，都能让学生的艺术素养得以提升。

（一）音乐和春天的邂逅

学校音乐组七名教师，在疫情防控"停课不停学"期间，一起讨论制定了

"音乐和春天的一场邂逅"美育大讲堂实施方案,分"感恩、铭记、责任、忠诚"四个板块开展系列活动。除了开展各年级教材在线学习外,教师还选取了《听我说谢谢你》《有位爷爷叫钟南山》《小小病毒我不怕》《今年春节我们在家》等具有时代性的歌曲共同传唱,不但学生喜欢,家长也很喜欢。在这个特殊的春天唱响爱与感恩的主旋律,家校共同配合带领学生成长。

（二）战"疫"书画绘新生

作为全国中小学中华优秀文化艺术传承学校,学校美术与书法组的八位教师积极行动,与学生一起设计完成战"疫"手抄报、战"疫"科幻画、励志剪刻、书法作品等。美术和书法组全体教师汇集全校师生的书画作品,编制了10余期简报,将优秀作品推荐给各级媒体,获得社会广泛赞誉。

五、学校在线课程要有实践的劳育课

家庭是人生的第一所学校,家长是孩子的第一任教师。学校开发设计了"战'疫'·劳动课",倡导学生在家长的指导下,认真开展劳动实践,掌握家庭生活基本技能,为家人尽一点力,给家人更多的爱。

（一）收拾居家小环境

在《劳动倡议书》中,学校为学生列出了很多具体的要求。如,你的书桌是否干净?书柜是否凌乱不堪?衣服是否乱丢乱放?你换下来的内衣、内裤、小袜子、小围巾等,是不是你自己洗?

自己的事情自己做,管理好个人卫生,保持房间干净整洁,积极参与多做力所能及的事情,让家长放心、安心。

（二）传承勤俭好家风

宅家的日子,学校开展"亮出你家厨艺"的活动,全家齐动手、晒晒"传家菜、拿手菜"的制作过程,让学生学做各种美食,大胆尝试。即使简单的饭菜,家长也可经常鼓励孩子。

活动意在教育学生勤俭节约、热爱劳动、珍惜劳动成果,当好家人的好帮手,当好家庭的小主人,为父母长辈分忧。学生的点滴勤劳与孝顺,喜在家人的脸上,暖在家人的心里。

此次新型冠状病毒肺炎疫情是一本鲜活的教材,可以让我们更好地认识世

界。"停课不停教 停课不停学",美好的教育就体现在我们日常的生活之中。面对新型冠状病毒肺炎疫情,学校与家庭一起,共同努力,坚持"五育"融合,开发与设计在线课程,陪伴学生一起完成在线学习的各项任务,树大爱之心、养人生智慧、炼健康之体、铸大美之艺、扬劳动精神,使学生努力成长为最好的自己。

集体备课，智慧的预设与交融

备课作为教师的课前准备是展现教师教学艺术的序幕。备课实际上是教师对自己组织每一节课的教学活动的内容、时间和空间结构的规范和优化过程，这是一个循环往复、逐步发展提高的过程。

过去，学校通常采用独立备课的方式，这种方式可以彰显教师个人对教材的独到见解。但个人独立备课也有一定的局限性，随着课改的逐步深入、教育教学观念的更新、知识的发展、教育对象的变化、教学效益要求的提高，教师个人的教学方案的设计和选择，往往难以实现学校全体师生共同进步的目标。近年来，学校积极在全校教师中推行集体备课。

（一）推行"四固定"

在集体备课的过程中学校要求备课组在时间、地点、人员及备课内容上实行"四固定"。全校分学科，以教研组为单位，固定每周一次在办公室进行集体备课，备课组组长做好记录。为了减少集体备课的盲目性，每期期末，各教研组组长组织一次全科性集体备课，主要讨论下学期的教学方向、教学内容、教学时间调配、学科科研课题等宏观性的问题，再根据教材编排体系，制订好本年级本学科集体备课计划。各教研组根据学期计划制订各学科每周具体备课计划，安排好每周备课内容和中心发言人，让每个教师都能心中有数。这样，每次集体备课都能有目的性、针对性、实效性。

在每周集体备课时，各教研组主要讨论下周的上课内容、重点、难点、注意点及学生容易出错的地方、教学策略等，大家都要有备而来，积极踊跃发言，不管是经验丰富的老教师，还是刚刚步入教坛的新教师，都应积极参与、建言献策、集思广益，使每个教师的素质都能得到充分展现，使多方的思想在交流中得到升华。

如在《角的初步认识》的教学中，让学生理解"角的大小与边的长短没有关系"有一定的难度，教师在集体备课时提出了以下三种教学方案。

表1 "角的初步认识"教学方案一

教 学 过 程	调整与反思
角乐园的争吵 （1）课件演示。 教师课件出示红角与绿角争吵的短视频，比较角的大小。（注意视频中双方的神态、语气、动作） 红角　　　　　　　　　绿角 红："Hi，大家好，我是红角。" 绿："Hi，大家辛苦了，我是绿角。" 红："哎哟哟，小不点，别抢了我的镜头。" 绿："什么，我是小不点？刚才出门的时候，角妈妈特别叮嘱，我们俩是同胞姐妹，是一样大的哦。" 红："可是我的边比你的边长呀。" 绿："那我们来比一比我们的大小吧。"（课件动画演示两角比较大小的过程） （2）小组讨论。 学生小组讨论：角的大小与边的长短有没有关系？（指名口答） （3）小结归纳。 红："我的天呐，我们的两条边张开的大小是一样的，我们真的是一样大的耶，原来角的大小与边的长短没有关系。"	

表2 "角的初步认识"教学方案二

教 学 过 程	调整与反思
比一比，说一说 多媒体出示：下面的两个角，一个角的边较短，一个角的边较长，那么这两个角哪个角大？哪个角小？用三角板上的角比比看。 （1）课件演示。 多媒体演示用三角板上的 $30°$ 角去比左边的角，请学生认真观察，三角板的两边刚好跟这个角的两边怎么样？ （2）集体操作。 让学生拿出题单，拿出有 $30°$ 的直角三角板比一比左、右两个角。 （3）小组讨论。 学生小组讨论，角的大小与边的长短有没有关系？	

表3　"角的初步认识"教学方案三

教　学　过　程	调整与反思
剪一剪，说一说 （1）教师演示，指导观察。 　选一个学生做的活动角与教师的活动角比较大小后将两个角张开到一样大。 　师："这两个角的两条边张开的大小是一样的，这两个角的大小一样，但老师的角两条边要长一些，如果老师用剪刀把这个角的两条边剪去一段，老师做的活动角变小没有呢？那角的大小与边的长短有没有关系？" （2）学生操作，小结归纳。 　学生独立操作，剪一剪、比一比、说一说，回答角的大小与边的长短有没有关系。	

选用哪一种方案进行教学比较好，大家经过热烈讨论后认为，"教学方案一"只是从视觉上让学生理解"角的大小与边的长短没有关系"；而"教学方案二"和"教学方案三"不仅让学生从视觉上感觉，还让学生进行了具体操作，能使学生在具体操作过程中理解"角的大小与边的长短没有关系"。因此，教研组否定了"教学方案一"。针对"教学方案二"和"教学方案三"，大家认为"教学方案三"操作性更强、更直观，能更好地让学生理解，因此建议采用"教学方案三"进行教学。

（二）整理调整

各年级组（教研组）每次集体备课时均由组内教师轮流执笔，整理出"母学案"，在当周星期五前分发给本年级（本学科）教师，以便教师参考；以母学案为蓝本，每个教师再根据自身情况、学生实际、教学条件等进行修改补充，甚至是再创造，设计下周自身教学的"子学案"。备课时各位教师力求实现共性和个性完美结合，这是教师成长的第二次飞跃。

（三）互动评价

学校鼓励教师之间，尤其是同一备课小组教师之间互相听课、评课。评课采用"1+1"的方式进行，指出执教者教学中的一个亮点。在评价中，尽量多做纵向比较，即找出执教者本次教学较之以往教学更合理、更科学的地方；指出执教者在哪些方面有所创新（哪怕只是点滴，要有发现创新点的眼睛），对其创造性的劳动予以积极肯定。提出一条中肯的教学建议，鼓励执教者创造性地使用教材，尝试使用多种教学方法、多种教学手段进行教学，逐渐完善其富

有个性的教学风格。对年轻教师，更应讲清原因，让他们真正理解"为什么这样做"，同时明白"下次应该怎么做"。不管是评课者还是执教者，人人都以平等的方式交流，做到在评中带学，达到"评一课、促多人、带一方"的目的。

（四）反思改进

每个人都是在不断反思中进步，为了吸取经验、总结教训，我们要求教师一课一反思，记下课堂中发生的事情，每次集体备课时首先讨论交流上周的教后感，必要时请有关专家解难释疑。集体备课的"众人智慧"要体现在动态的、生成的、具体的、更有个性与特色的课堂中，还必须注意以下几个问题。

一是要备教师。教师过硬的业务素质，是集体备课的预设能够顺利展现的重要保障条件之一。集体备课是每名参与者智慧的共同结晶，而教师之间的业务素质有高有低，如果没有过硬的业务素质，即使集体备课再成功、预设再美好也不能在具体的课堂上实现。如果教师的个人素质不能保证集体备课的预设在课堂上能够生成，那就需要每位教师在集体备课的基础上，结合自身实际情况进行"二次备课"。这种"二次备课"不是对集体备课时智慧结晶的全盘否定，而是每个教师根据自己和班级的实际情况进行适度调整。

二是要备学生。许多参加赛课的教师通过集体备课酝酿出了非常优秀的教案，而且教师自身素质非常好，但由于对学生的情况了解不足、不透，结果只能是"走教案"，没有主体的投入，课堂同样不会精彩。因此，我们的集体备课一定要"备学生"，充分考虑学生的实际情况，只有这样集体备课智慧的交融与预设才能生成五彩斑斓的课堂。

三是要备环境。各班情况不一，教育教学设备设施也不完全相同，集体备课还应充分考虑到学校硬件设施的配套情况，应因地制宜、因陋就简地加以利用，集体备课才能发挥作用，使教师更好地开展好教学活动，发挥集体备课后提高教学质量的作用。

集体备课是深入推进课堂教学改革的重要平台，是学校开展校本研培活动的重要载体。集体备课强调的是集体智慧与个人创意的有机结合，只有这样的集体备课才会一直保持旺盛的生命力。

小学数学高效备课十项修炼

怎样进行备课才算有效准备呢？特级教师于漪的经验是"三次备课成名师"[①]。第一次备课，不看任何参考书与资料，凭自己的理解对教材进行一次整体把握。第二次备课，广泛收集各种参考文献，看看名师、教育专家是如何备课和对教材进行分析的，同时思考三个问题：哪些问题参考书上想到了，"我"也想到了；哪些问题参考书上想到了，"我"没有想到；哪些问题"我"想到了，参考书上没有想到。第三次备课，边教边改、执教过后改，思考课堂中的亮点与问题，再次"备课"修改教学案，为今后再次教授这一内容做好准备。

因此，教师备课是教师教学研究的一个重要内容，随着课程改革的进一步深入，小学数学教师要进行高效备课，可以从以下十个方面进行考虑。

一、强化目标引导

教师备课要做到"脑中有纲"与"胸中有标"。"脑中有纲"中"纲"指的是《基础教育课程改革纲要》，因为它是课改的纲领性文件，包括新课程的功能、内容、结构、方式、评价和管理的"六个改变"，教师必须了如指掌，并做到心中有数。"胸中有标"中"标"指的是课程标准，课程标准是国家对某一学科所提出的统一要求，是编写教材的依据、进行教学的依据、考试命题的依据，也是督导评估的依据。它对学习水平目标写得非常清楚，备课时必须认真研读。从新课标的精神出发，教师备课的最终目标是提高学生的素养，促进人人发展。教师在备课中要将这个大目标进行细化，落实到每一节课、每一个教学环节。教师的备课要实现师生共同成长，教师要把备课的有效目标定位于

---

① 钱蓉蓉：《有感于于漪老师的"三次备课成名师"》，《中学课程辅导（教师教育）》，2013 年第 22 期，第 11 页。

既注重学生能力的培养，又强调师生双边、多边活动的过程，为提高教学效益做好准备。

二、做到腹中有书

"腹中有书"中的"书"是指教材，教材是无数专家用心血与经验编写而成的，是课堂教学的一个载体，是教学的主要依据，是师生对话的基础。《义务教育数学课程标准》提出，教师不应只做教材的实施者，而应该做教材的开发者和建设者。刘良华教授建议教师要吃透教材、补充教材、更新教材。[①] 教师要有专业底气，要学会对教材进行加、减、乘、除，不仅要充分把握课程编写意图，教材的要求、重点、难点，从而合理安排课时、解决问题，并根据学生的认知能力，做到由易到难、由特殊到一般、由具体到抽象，较好地把知识传授给学生；更要创造地使用教材，结合本校教师和学生的实际情况，特别是联系学生生活实际和学习实际，对教材内容进行灵活处理，及时调整教学内容，使教材成为教师的知识体系之一，将教师的思想感情和教材的思想性、科学性融合在一起。

三、预见学生活动

学生是学习的主体，教师备课要设计课堂的动态过程，主动设想学生在学习过程中的主动性和参与性，优化学生的思维能力，培养学生良好的个性品质，帮助学生更好地进行学习的自我评价、监控和调节。教师备课时要考虑到学生的实际，防止"尖子生吃不饱，中等生吃不好，学困生吃不了，教师费力不讨好"的被动局面。要做到这一点，教师在备课时，要充分考虑自己的教学对象、群体与个体、智力因素和非智力因素。每一个学生知识储备的水平、课前预习的习惯、听看想说的习惯、独立探究的习惯、独立作业的习惯、解题思路的习惯、课后读书及复习的习惯等，都是迥然不同的，教师备课时要对学生的学习情况了如指掌，才能做到因材施教。

---

① 刘良华：《教师专业成长——刘良华教育讲演录》，华东师范大学出版社，2008年，第2页。

四、明了教学方法

授之以鱼，仅供一饭之需；授之以渔，则终身受益无穷。尽管教无定法，但教必有法。教师在备课时，既要考虑教师怎么教，又要考虑学生怎么学，教法固然重要，但学法更重要。教师在明了教学方法的过程中，应考虑以下四个方面的问题。一是教师应留给学生足够的活动时间。教师要让学生参与多种形式的活动，才能真正做到突出学生在教学活动中的主动性、开放性、创造性。二是教师应精心考虑如何提出问题。教师备课时要根据教材的重点和难点，发掘教材内容和学生认识过程中的矛盾点，准确选择有针对性的问题，精心准备好富有启发性的语言，引起学生的兴趣，激起学生思维活动的层层波澜，最后师生通过对问题的解决掌握重难点。三是教师应把握好课堂推进的节奏。每节课应该有合适的信息容量，不应开快车、赶进度，对教材同一内容不能单调重复。四是教师应指导学生高效率学习。引导学生在有效的时间学习尽量多的知识，鼓励学生独立思考，让学生敢于和善于提出问题，引导和发展学生的求同和求异思维。

五、关注教学手段

关于教学手段，一是教师教学所需的一些常规教学教具，二是现代信息技术教学手段。在现代信息技术辅助教学的今天，教师应该关注现代教育技术在课堂教学中的运用，将常规教学教具与现代教学手段有机结合起来。教师对现代教育技术不但应达到会操作，还应会维护与修理，以防发生突发事件，影响正常教学进度。教师在上课前，要把制作的课件演示一遍，做到心中有数，尤其是上示范课、公开课时更应该注意，以防出现差错时手忙脚乱。

六、分析热点问题

数学知识的应用是数学课程改革的热点，新教材把培养学生应用数学的意识贯穿始终，教师要引导学生在解决实际问题的过程中，提高分析问题和解决问题的能力。

针对热点问题，一是注意提供有实际背景的问题。二是注意从生活实际引入数学概念，比如从教室座位的编排中引入数列问题。三是结合相邻学科，引

用语文、科学等方面的例子作为知识背景，加强与其他学科知识之间的横向联系。如在进行"图形的平移"教学时，笔者为学生提供了这样一个热点案例。

在上海市中心最繁华的人民广场南面、延安路与西藏路交界之地，坐落着一座国内少有的西洋古典主义风格的优秀建筑，这就是上海音乐厅。过去上海音乐厅紧邻延安路，在修建延安路高架桥时，有关单位已将高架路稍稍拐了个弯，与音乐厅擦肩而过，但车来车往，嘈杂之声不绝于耳。于是政府花费 1.5 亿元，将这座重达 5650 吨的庞大建筑物整体向上抬高了 3.38 米，并向东南方向水平移动了 66.46 米，来了一次超高难度的"搬家"，使其远离了高架桥，继续成为人们欣赏音乐的圣地。

平移上海音乐厅，是现实生活中"图形的平移"的一个经典案例。笔者借助多媒体辅助教学，巧妙将这一热点案例引入教学，激发了学生浓厚的学习兴趣，学习效果更加明显。

七、挖掘文化内涵

数学是人类文化的重要组成部分，教师在备课中要尽量挖掘数学知识的文化内涵，挖掘由数学基础知识反映出来的数学思想方法，使数学教学充满文化气息。比如西师版义务教育课程标准实验教科书每册都安排了几个"数学文化"专题的连环画。这些"数学文化"专题是从宏观上以数学史的视角考察数学的进步成果。在课程标准的指导下开展小学数学教学，教师不能只看到教材上的内容，应该深入每个知识点和教材的编写意图，积极发掘数学与生活、数学活动、思考过程等方面的文化内涵，并将这些数学文化渗透在教学活动中。如在复习"平面图形的面积"时，教师用课件设计了这样一个情节。

古代有一位王子由于国家战败，带着几名贴身侍卫逃亡到了另一个国家。王子请求这个国家的国王给他一块地，国王说："好，你们可以用一块羊皮在海边圈出一块土地，这块土地就归你了。"一块羊皮的面积实在是太小了，怎么办呢？王子冥思苦想，最终想出了一个好办法，那就是把羊皮裁成细细的羊皮条，再用羊皮条去圈地。那么该怎样圈地，王子得到的土地面积才最大呢？

此时，学生的注意力高度集中，思维非常活跃。有的说："正方形的面积最大，围成正方形。"有的说："圆的面积最大，应该围成一个圆。"这时，又有学生说："应该利用海岸线，围成半圆，这样面积肯定最大！"

这时，教师给出羊皮条的长度，学生立即投入计算。通过研究，学生发现确实是利用海岸线围成半圆的土地面积最大，这与王子的想法不谋而合。学生通过自己的思考得到了答案，露出了开心的笑容。

学生通过解决这样的问题，不仅巩固了"已知正方形的周长求正方形的面积""已知圆的周长求圆的面积""已知圆周长的一半求圆的面积"等一系列知识，而且也体验到了应用数学知识解决实际问题的成就感，印象深刻、经久难忘，数学的文化魅力及应用功能在此次教学中得到了很好体现。

八、凝聚集体智慧

备课要寻求专家引领与同伴互助。有这样一个凝聚智慧的故事：你有一个苹果，我有一个苹果，彼此交换一下，我们仍然只是各有一个苹果；但你有一种思想，我有一种思想，彼此交换，我们就都有了两种思想，甚至更多。如果我们采用集体备课，对教学内容进行集体商讨，充分酝酿教学活动，发挥集体的智慧，对教学进行精心的预设，在课堂中再能动地发挥教师的个人潜能、淋漓尽致地展现教师个人的教学魅力。集体备课可以同学科备课，也可以跨学科备课，邀请所涉及学科的教师参与备课；可以同年级备课，也可以跨年级备课，教师在备课过程中可以有共识，也允许有不同见解，形成多样的方案。

九、开展课题研究

现在，越来越多的教师已经深刻地认识到课题研究的重要性，但课题研究与课堂教学"两张皮"的现象在相当一部分教师中还长期存在。教师应当将备课与自己的课题研究结合起来，在备课过程中努力思考怎样与自己的课题研究相结合。如学校开展的小学数学课堂教学生活化实施策略研究、小学数学教育渗透数学文化实践研究等课题，课题组主研人员在集体备课及个人备课时，将备课与课题研究相结合，课题研究成果曾获得了泸州市人民政府教学成果一等奖。

十、写好教学反思

美国学者波斯纳提出了一个教师成长的公式：教师的成长＝经验＋反思。①

---

① 朱丽萍：《促进教师专业快速成长的催化剂——反思》，《陕西教育》，2007年第8期，第38页。

教学反思也称教后感、教学日记，是教师对自己的课堂教学过程进行回顾、总结和评价之后得到的感悟。它是教师进一步了解学生认知水平、改进教学思路、完善教学方法的有力依据，是优化课堂教学不可缺少的环节，也是一条促进自身专业成长的理想途径，可以使教师从浮躁的教学中解脱出来，获得心灵的宁静和充实。写课后教学反思，贵在及时、难在坚持。一有所得、及时写下，有话则长、无话则短，以写促思、以思促教，长期积累必能集腋成裘、聚沙成塔。

小学综合实践活动课教学

2017 年 9 月，教育部印发的《中小学综合实践活动课程指导纲要》指出，"为全面贯彻党的教育方针，坚持教育与生产劳动、社会实践相结合，引导学生深入理解和践行社会主义核心价值观，充分发挥中小学综合实践活动课程在立德树人中的重要作用"。综合实践活动课程不是其他课程的辅助和附庸，而是具有独特功能和价值的相对独立的课程形态，为学生生活经验的获得和社会实践能力的形成开辟了新的渠道，为学生的个性发展创造空间。

综合实践活动课程是由国家设置、地方和学校根据实际开发的课程，以活动为主要形式，强调应增强学生亲身经历，要求学生积极参与到各项活动中去，在"做一做、想一想、量一量、折一折、拼一拼、比一比"等活动中发现和解决问题，体验和感受生活，培养学生的创新精神和实践能力。

综合实践活动课是一种基于学生的直接经验，密切联系学生生活和社会生活，体现对知识综合运用的新课程形态。它既适应我国当前进行素质教育的要求，又呼应世界课程改革发展的趋势，最大限度地拓展学生的学习空间，强调学生通过实践增强其探究和创新意识，学习科学研究的方法，发展综合运用知识的能力。

一、以探究为中心，使学生实现主动发展

长期以来，我们惯于认为学生的任务是在教师帮助下学习和掌握书本知识，认识活动的目的主要是掌握而不是发现"真理"。学生只是在教师指导下，体验和了解类似科学家那样发现真理的过程。

活动教学认为学生的学习过程从某种意义上说是对人类文明发展过程的一种认知意义上的重演，是对人类发现所经历的某些必要过程的亲历和再现，是带有"创新、发现"性质的学习。活动教学强调探究，强调学生的活动，借助活动来真正确立学生在教学过程中的主体性，这在客观上保证了学生主体作用

的发挥。只有在活动中，学生才自始至终是自觉主动的学习者，而不是教师的追随者，才可以按照自己的意愿，自由自在地进行各种各样的探究、操作、体验活动，学习才具有了主动探索的意义。因此，活动教学更重视实践、探索、发现在教学认识活动中的地位，认为要使学生实现主动学习和主动发展，就必须置学生于自主探究、发现的活动中，强调将外部的实际操作和内部的思维操作相结合，实现学生认识的深化，从而建构学生个人的知识结构，而不是让学生机械接受和背记知识、结论。

二、以现实生活为依托，注意生活的回归

在现实生活中，学生更多的是从他们熟悉的环境、家庭和社会中直接地、现成地吸取经验，学生的生活经历自然形成了教育的背景，课堂教学与学生生活密切相关。综合实践活动课教学必须关注学生的生活经验。

（1）关注内容与学生个体经验的联系。

教师在传授新的知识和技能时，要与学生的生活与经验关联，在学生的学习过程中符合学生的心理要求和经验储备，调动他们已有的经验帮助理解新的知识和技能，才能使抽象的新知识整合到学生的经验之中。

（2）关注教学与学生现实生活的联系。

教学如果不能和学生的现实生活相融合，就没有现实的感觉，学生也就缺乏学习的动力。要将学生熟悉的现实生活经验及时纳入课堂中，注意"生活的回归"，从生活中来，再到生活中去，使知识不再是零散的、孤立的与生活隔离的东西，而使学生能自己意识到生活中的一切都充满知识、蕴含知识。要让生活走进课堂，将课堂引向生活，生活的一切时间和空间都是学生可以学习的课堂。

三、以体验为基础，强调理性与非理性协调发展

人的活动是理性活动与非理性活动的统一。理性活动主要形成人的理性精神，非理性活动主要形成人的非理性精神，完整的人的发展是理性精神和非理性精神的协调发展。

活动教学认为，教学过程应该是认知过程与情感过程的相互交织，知识学习与情感培养的相互融合。教育不仅要关照生活在现实和未来中的人，为求得生存发展而获得必要的知识和技能，而且更要关注活动过程本身，关心学生在

情感、价值、意志等方面的体验。不同的活动方式和活动内容会带给学生不同的内心体验，如在轴对称图形的教学活动中，学生经历后产生的对美丑的感受，积累着对于生活的理解与反思。活动提供了一条有效培养学生非理性精神的理想途径，给予了学生体验生命成长的意义、培养学生完善人格的机会。

四、以活动为根本，注重感性与理性融合

传统教学注重分析、演示、讲解等方式，轻视实践、发现、探究等活动，忽视学生感性经验、直接经验的积累，缺少抽象认识和理性认识的基础，导致学生不求甚解。学生只有借助机械背诵和表层理解来掌握知识，不理解事物形成的过程、事物之间的内在关系，很难达成对知识有意义的建构和理解，更不利于其从事创造性的探究活动。

活动教学认为人的认识是一个从感性到理性的过程，只有经历必要的感性阶段、积累相应的直接经验，才能促成学生有效思考，使知识的掌握富有意义。在活动教学过程中，一方面，教师要给予学生足够的时间进行观察、操作，学生在操作中进行探索，充分积累直接经验，丰富自己的感性认识；另一方面，要求学生在感性认识的基础上，借助语言和词汇，及时进行抽象、概括、综合，达到抽象的理解，实现由感性思维向抽象思维的转化，不仅要发现知识的由来，更要发现知识与知识之间的关联，实现认识的深化。教师应让学生将直接经验的积累和间接经验的学习有机结合起来，凭借直接经验去理解间接经验的意义，借助间接经验去获取更深的直接经验。

小学数学活动课的课型与组织形式

数学活动课是小学数学课程体系中不可缺少的一部分，主要通过数学活动使学生手脑并用、扩大视野、增长才干，获得直接经验，培养学生对数学的兴趣，培养学生的逻辑思维，提高学生解决实际问题的能力。在小学数学活动课教学中，教师应坚持以生为本的育人原则，充分挖掘每个学生的潜能，让学生通过观察、操作、分析、讨论、交流、猜测、合作等学习方式开展自主学习，激发学生学习数学的兴趣，促进学生主动地、富有个性地学习，使学生真正成为学习的主人。

一、数学活动课的组织形式

组织形式是指为完成特定的教学任务，教师和学生按照教学要求共同参与活动的方式。根据活动的目的、内容和小学数学活动课的特征，学校开展的数学活动课组织形式可分为三类：个体活动、小组活动和集体活动。

（一）个体活动

个体活动是指在教师的指导下，学生个体充分发挥自己的个性特长，获取知识和培养能力的一种方式。个体活动主要适于优秀学生完成选修数学活动课的课程内容。个体活动最突出的优势在于能使每个学生都有各方面的提高，因为这类活动是独立的。比如数学任务的完成和数学作品的产生或其中某个部分的制作主要靠自己的力量。虽然个体活动的形式不是活动课经常采用的形式，但必须考虑在整个活动中要为个体活动保留充分的余地，使之与小组和集体活动结合起来发挥作用。

（二）小组活动

小组活动是指在统一的时间内，以学生兴趣小组为单位开展的活动。对于数学活动课来讲，小组活动是最重要的，也是最常采用的形式。无论什么主题的活动，大多可以采用小组活动作为基本形式，个体活动和集体活动穿插在小组活动之中。小组活动通常建立在学生的兴趣、爱好和自愿结合的基础上，有固定的活动时间、空间和辅导教师。小组活动按年级一般又分为低年级小组（一、二年级）、中年级小组（三、四年级）和高年级小组（五、六年级）。低年级数学小组以兴趣活动为主，中年级数学小组注重知识普及，高年级数学小组以创造性活动为主。

（三）集体活动

集体活动是指以班级为单位进行活动，全班同学共同参加，主要完成必修的数学活动课程内容。集体活动比个体活动和小组活动提供了更广阔的人际交往环境，适用于同一位数学教师身兼数学学科课和数学活动课两职的实情，有利于实现学科课和活动课的有机结合、相辅相成。集体活动在时间、空间及内容的安排上都有较大的灵活性，既可以安排每周一次的数学活动课，又可以配合一个主题活动进行集中安排。

小学数学活动课的三种组织形式的选择不是绝对的，在一个完整的主题活动中，可经常轮流采用几种形式。例如，在活动开始的时候，以集体活动的方式进行动员和讲座，在活动过程中交替采用个体活动和小组活动的方式，在最后汇报、总结、评价时再次采用集体活动的方式。

二、数学活动课的课型

小学数学活动课的课型是灵活多样的，教师可以根据活动的内容、要求以及活动的组织形式来设计课型。在几年的实践中，学校逐步探索出了以下几种主要的课型。

（一）数学游戏活动课

心理学家西格蒙德·弗洛伊德指出，游戏是由愉快原则推动的，也是满足的源泉。数学游戏的特点是趣味性强，运用数学知识，融知识性、趣味性于一体，是一种极好的益智活动，深受小学生尤其是低中年级学生的喜爱。数学游戏主要有数学游戏宫、数学接力赛、漫游数学王国、数学行军、数学拼板、数学套圈、猜数游戏、数学诊所、打靶计数、数学扑克等。数学游戏简单易做，无需花费很多时间，其内容多是巩固课本知识，发展学生智力。

（二）数学阅读活动课

语言和思维是紧密联系的，学生的很多失误是因不读题或读题不仔细造成的。在实际教学中，"读"历来是语文、英语等文科学习的一种常用方法，却很少进入数学课堂。其实，"读"在数学学习中也起着不可估量的作用。在数学阅读活动课中，教师可指导学生阅读数学相关课外书籍，向学生推荐阅读书目，让学生交流阅读收获，探讨在阅读过程中遇到的疑难问题。数学阅读活动课对于开阔学生知识视野，让学生及时获取最新数学信息，激发学生学习兴趣，培养学生自学能力，都有很好的促进作用。

（三）数学文艺活动课

数学文艺活动课常以数学知识为主线，演出用数学知识编排的文艺节目，如介绍中外数学史和数学家的故事、讲数学相声、朗诵数学诗歌、表演数学小品等，激励学生奋发向上，对学生进行数学文化教育和思想品德教育。数学文艺活动课一般由班级组织，也能由各年级或全校组织，课前需要做大量的准备工作和组织排练工作，参与面越广准备工作越繁杂。

（四）数学动手操作活动课

当数学知识与学生积极的动手操作活动紧密联系在一起的时候，学习才能成为孩子精神生活的一部分。教师指导学生制作直观学具、游戏材料等是数学动手操作活动课的主要内容，学生通过做一做、摆一摆、折一折、画一画、拼一拼、量一量、剪一剪、数一数等具体操作活动，在做中学、学中做，教、学、做在活动中实现合一，学生既能巩固和运用所学知识，又能提高其动手操作能力，培养其创新意识。

（五）数学思维训练活动课

数学是思维的体操，具有严密的逻辑性和高度的抽象性。小学生正处在由形象思维向抽象思维过渡的关键时期，在这一时期，加强对学生思维进行开发尤为重要。在数学思维训练课中，学生通过自主活动，参与速算与巧算、一题多解、一题多变，通过几何图形变换与辨认，测试学生的判断能力等，进一步提高学生的计算能力、解答应用题的能力及其空间观念等。

（六）数学应用实践活动课

教师立足数学课堂教学，有计划、有目的地组织学生在校内外进行实地测量活动，如测量教室内桌椅、黑板的长度，测量操场的面积、教室的容积等，使学生获得直接的认识。教师需要注意课前学生的分组、测量的内容、测量工具和场地的选择等，做好计划和准备。另外，教师还可组织学生到现实生活中进行丰富多彩的实践活动，如调查、专题采访等，使学生直接接触现实生活中的数学问题，亲自感受数学知识在现实生活中的应用，开阔学生的视野，同时收集各种数据作为计算和统计内容，提高学生分析问题、解决实际问题的能力。教师在数学应用实践活动课的开展中，还要重视学生在实际操作中的安全问题等。

小学数学活动课的课型多种多样，在某一具体课型的理解上，教师不能狭隘地理解某种活动课就只是开展某一具体活动，而应以某种具体活动方式为主，其他活动方式为辅。

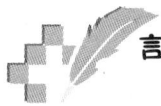

小学数学新授课的导入原则及方法

俗话说，好的开头等于成功的一半，精彩的课堂开头，不仅能使学生迅速由抑制状态转变为兴奋状态，而且还会使学生把知识的学习当作一种自我需要，促进教学任务的顺利完成。新授课是课堂教学中最为常见的一种课型，它以传授知识与训练技能为主要任务，所以，课堂导入在新授课中尤为重要。

一、导入新课遵循的原则

（一）突出一个"导"字

所谓"导"，就是教师创设的学习情境或提出的问题和要求，要有导向作用，要能够启发、诱导学生积极思维，使学生尽快进入最佳学习状态，有目的、有计划地探索，而不是盲目地引导。

（二）强调一个"近"字

所谓"近"，是指要有铺垫性。铺垫工作，事关大局，数学知识是系统关联较强的学科，绝大部分新知是由它的先行旧知延伸和发展而来的，教师应在新旧知识的最近点上铺路搭桥，使学生能够顺利学习。

（三）注重一个"活"字

所谓"活"，就是根据不同教材内容、教师自身特长和学生的实际采取不同的导入方法，教师在导入过程中，根据学生的反馈信息，随时灵活调整，以实现最佳导入效果，让学生在不知不觉中油然而生求知欲望。

（四）留意一个"激"字

所谓"激"，就是要激起学生的学习兴趣。兴趣是最好的教师，知之者不如好之者，好之者不如乐之者。教师的导入应生动有趣。要引起学生的共鸣，激发起学生的学习兴趣，让学生自觉地参与到学习中。

（五）注意一个"短"字

所谓"短"，就是指时间要短、点到即止，切忌拖泥带水，课堂导入一般以 3 分钟至 5 分钟为宜。教师的导语要精练简洁、操作简单明了，尽量避免繁杂的笔算、板演，师生均以口述互动最为适宜。

二、导入新课常用的方法

（一）新旧联系迁移式

新旧联系迁移式是小学数学课堂教学中最常用的方式，它利用新旧知识的密切联系，促进学生知识的正迁移。

如教授"商是一位数的小数除法"的一道例题"1.36÷0.17"。学习小数的除法自然要联想到整数除法。教师可用"136÷17"作为复习题，同时利用"商不变的性质"做铺垫，把它转化为除数是整数的除法来计算。

导入设计：讨论为什么商都相同，复习商不变的性质。

24÷3＝（　　）　　240÷30＝（　　）　　2400÷300＝（　　）

例题：1.36÷0.17

复习：136÷17

（二）开门见山点题式

开门见山点题式是在新课伊始，教师就直接揭示课题，把教学内容、学习要求直截了当地呈现给学生，使其明确所要完成的学习任务、学习目标，激发学生学习兴趣。

如教授"三角形的认识"时，教师用简练的语言引入课题后，出示学习目标：①理解什么叫三角形。②掌握三角形的特征和特性。③会按照三角形中角或边的不同给三角形分类。④理解三角形的底和高，会在三角形内画出指定底上的高。

这样开门见山地出示教学目标，让学生简单明了地知道该节课的学习要求，明确自己的学习任务，学习效果自然较好。

（三）联系实际过渡式

数学源于实际，用于实际。教学中多从学生熟悉的实际生活中提取数学问题，是数学教学的生命力。依靠学生对实际材料的直接兴趣，可调动他们积极地参与到探索新知的活动中。如教授西师版一年级下册数学"认识人民币"时，这样导入新课：

同学们，我们用什么来买东西呢？世界各国对钱的称呼各有不同，比如美国的叫美元，日本的叫日元，英国的叫英镑，我们国家的叫人民币。你们能说出我们使用的人民币都有哪些面值吗？

学生回答后教师小结：今天我们就来认识人民币。

（四）设障布疑悬念式

教师先巧设悬念，再给出解决问题的方法，对于调动学生学习的积极性收效甚佳。

如教授"能被 3 整除的数的特征"时，由于能被 2、5 整除的数的特征都在数的个位，教师将计就计，任由学生举出一些能被 3 整除的数：36、123、369……然后提问：是否所有末位是 3、6、9 的数都能被 3 整除？是否所有末位不是 3、6、9 的数都不能被 3 整除？学生很容易举出反例，也明白要研究能被 3 整除的数的特征，不能从数的个位去找。那么，能被 3 整除的数的特征是什么呢？悬念产生后，教学便能有条不紊地进行下去。

（五）新奇故事诱趣式

根据学生年龄特点，把与课堂教学中部分内容有牵连的故事引进课堂，或对教学内容进行童话式的改编导入新课，让学生在愉悦的故事氛围中漫步在新知领域。

如在教授"用七巧板拼图"数学活动课时，教师讲"七巧板"的故事导入新课。"七巧板是启迪人们智慧的游戏之一，它源于我国公元前一世纪，大约于十八世纪传往国外，风靡全球，老少皆宜，深受人们的喜爱。连当时法国大名鼎鼎的皇帝拿破仑也对'七巧板'爱不释手。这节课，我们也来玩一玩'七巧板'拼图游戏。"教师板书课题：七巧板拼图。

　　教学有法，但无定法，贵在得法，重在启发。教师可结合小学数学教学内容，结合学生和自己的教学实际，遵循新授课的导入原则，探索出更多行之有效的新授课导入方法，更好地提高课堂教学质量。

小学数学课堂小组合作学习的有效开展

小组合作学习是研究性学习的基本组织形式和主要活动方式。研究性学习能否达成预期目标，在很大程度上取决于小组合作学习的成效。在多年的小学数学课堂教学中，对于如何有效地开展小组合作学习，笔者有以下思考。

一、营造宽松的学习氛围

在数学课堂中，要让学生积极、主动地置身于合作学习中，教师要创设一个安全且自由的氛围，一个和谐、适宜的课堂人文环境。这就要求教师的态度、价值观、教学理念必须围绕"以学生的发展为本"这个中心，营造民主、和谐、开放的课堂氛围，在这种氛围中师生之间、生生之间的交流成为一种可能，合作成为一种需求，师生之间彼此互相欣赏、互相悦纳。教师与学生之间平等地交流，教师要多用寄予真切期待的语言鼓励学生，使学生为满足自身学习需要与精神需求，努力发挥出潜在的智慧和能量。

二、提供充裕的时间与空间

学生的小组合作学习过程要有充分的时间和空间做保障。课堂教学应该创设有利于学生积极思考的空间，为学生提供充分的思考与交流的时间。在合作学习之前，教师要留给学生足够的独立思考时间，只有当学生在解决某个问题百思不得其解时，开展小组合作学习才更有成效。在合作交流之中，教师要给学生提供充分的操作、探究、讨论、交流的时间，让每个学生都有发言的机会和相互补充、更正、辩论的时间。在合作交流之后，教师更要为学生的交流提供必要的反思时间，让学生的思维更加趋于理性化；教师不能用自己的思维方式、语言表达方式去束缚学生，而是要让学生自由发展，使不同层次学生的智慧都得到发挥。

三、构建合理的合作小组

教师在构建合作小组时，应注意结构的合理性。一是小组人数要合理，一般性的合作小组以 4 人至 6 人为宜。人数太多不利于学生间的交流和个人才能的充分展示，人数太少也不利于学生间的交流和互助。二是分组应遵循"组间同质、组内异质、优势互补"的原则。教师应按照学生的知识基础、学习能力、性格特点的差异进行分组，优化组合不同特质、不同层次的学生，使每个小组都有高、中、低三个层次的学生。这样分组不但有利于学生间的优势互补、相互促进，还可为全班各小组之间的公平竞争打下基础。三是小组成员应实现动态组合。组合可以是组间男女生的互换或流动，也可以是组间某些角色的互换或轮换，还可以按活动主题的需要让学生进行自由组合。这不仅能使学生有新鲜感，提高学生合作学习的兴趣，而且还可以给每个学生提供发展的机会。

四、选择适当的合作时机

合作学习是课堂教学的一种重要方式，但不是唯一的方式。教师要根据教学内容、学生实际和教学环境条件等，选择有价值的内容、有利的时机让学生进行合作学习。一般来说，较简单的学习内容，只需要个人独立学习或开展全班教学，而较复杂、综合的学习内容，则可以采用小组合作学习的方式。教师要根据教学内容的特点，结合本班合作学习开展的实际情况，精心设计小组合作学习，为学生提供适当的、带有一定挑战性的学习任务，把学生领进"最近发展区"。合作学习的问题可以是教师在教学的重点、难点处设计的探究性、发散性、矛盾性问题，也可以是学生在质疑问难中主动提出的问题。但一节课中不宜安排过多的小组合作学习，防止教学过于随意与形式化。

五、建立有序的合作习惯

小组合作学习使课堂气氛活跃起来了，同时也给教师控制课堂秩序带来了挑战，很容易使课堂教学有看似热闹实则混乱的局面。这就需要师生建立一个"活而有序"的合作习惯，这个习惯不是一朝一夕就能形成的，而是要在课堂教学中不断地训练。

（一）独立思考的习惯

合作学习是为了让每一位学生都参与学习的全过程，给每一位学生提供展示的机会，使学生能够充分表达自己的观点，通过组内的交流、探讨，使学生不断完善自己的观点，不断产生新的想法，使这一切成立的基础是学生有独立思考的能力。合作学习不是自己不用动脑筋，而是大家一块儿动脑筋解决问题，学生应在自己独立思考的基础上参与小组学习，以获得不同程度的发展。这就要求教师在平常的教学中耐心教导学生，注意对学生进行解题思路、思考方法等方面的指导，与学生一起分析思考的方向，激发学生思考的欲望，培养学生独立思考的习惯。教师要创设便于学生独立思考的情境，激发学生的动脑欲望，让学生逐步形成动脑、动口的习惯，使学生在小组合作中敢想、敢做、敢说。

（二）分工合作的习惯

合作学习不是一种个人的学习行为，而是一种集体行为，这就需要学生有团队意识。曾有这样一个古老的故事，一个和尚挑水喝，两个和尚抬水喝，三个和尚没水喝，讲的就是没有分工合作的意识。因此，要想成功开展合作学习，建立分工合作的意识是必不可少的。教师应根据不同活动的需要设立不同的角色，如小组内应设小组长、书记员、新闻发言人等，角色可相互轮换。小组长的主要职责是对本组成员进行分工，组织全组人员有序地开展讨论交流、动手操作、探究活动。书记员的职责是将小组合作学习过程中的重要内容记录下来。新闻发言人的职责是将本组合作学习的情况进行归纳、总结后在全班进行交流汇报。小组成员既要积极承担个人责任，又要相互支持、密切配合，发挥团队精神，有效地完成小组学习任务。

（三）正确交流的习惯

交流是合作学习中的重要表现形式，教师在课堂教学观摩中，经常会看到这种现象：当一个学生发言时，其他学生并没有认真听，而只是一味地举手，不住地喊"老师，我来，我来"。还有的学生干脆一副"事不关己，高高挂起的模样"，甚至对发言的同学横加指责。因此，培养学生的交流习惯显得尤为重要。

一是"说"的习惯。"说"就是表达自己的见解，就是将自己的观点通过语言准确地表达出来，让别人理解。在合作交流时，一方面，教师要求学生表达的语言清晰、有条理。另一方面，如果学生说得不对或不完整，应多给予学生鼓励。"说"的习惯不是一朝一夕就可以养成的，这需要教师在教学中甚至生活中不断地为学生提供练习的机会。

二是"听"的习惯。合作学习中除了要独立思考、敢于发表自己的见解，还应具有认真倾听他人发言的习惯。不仅要让学生肯听，更要让学生会听，能够听出别人说的问题，才能重视并采纳他人意见，达到优势互补、共同提高的目的。

三是"疑"的习惯。合作交流中善于肯定别人的优点、敢于质疑都是良好的合作品质。这就要求学生在"听"的过程中学习别人的长处，对不赞成的观点要敢于质疑，两方面相结合则有利于小组成员博采众长、取长补短，也有利于学生之间深入探究问题，培养学生创造性思维能力。

（四）思考实践的习惯

教育家苏霍姆林斯基说："在手和脑之间有着千丝万缕的联系，这些联系起着两方面的作用：手使脑得到发展，使它更加明智；脑使手得到发展，使它变成创造的聪明的工具，变成思维的工具和镜子。"[①] 数学知识来源于实践，学习数学知识同样也离不开实践操作。在小组合作学习中，教师要培养学生良好的实践操作习惯。

实践操作活动是学生非常感兴趣的活动，是新教材倡导的动手实践、自主探索、合作交流的学习方式。新教材中的许多数学知识都是通过"分一分、摆一摆、拼一拼、画一画、折一折"等动手实践后理解和掌握的，小组合作学习更有利于动手操作实践，教师在指导操作实践时必须把操作与思维结合起来，使学生动手必动脑，每操作一步都要与解决的数学问题相联系。

六、给予适时的合作指导

认清教师在学生的合作学习过程中应承担什么样的任务、充当什么样的角色是十分重要的，这关系到合作学习能否成功。在学生的合作学习过程中，教师必须由台前转向幕后，由"居高临下"转向"平等参与"，成为学生学习的亲密伙伴，与学生一样平等地发表自己的见解，心平气和地接受学生的质疑、肯定与否定，师生缔结为学习的共同体，为实现共同的教学目标，对学生提供

---

① B.A.苏霍姆林斯基：《给教师的建议》，杜殿坤编译，教育科学出版社，1984年，第107页。

"到位"而不"越位"的帮助，学生能做的尽量让他们去做，学生能说的让他们去说。教师必须从更深层次上思考如何指导与引导学生，才能使合作学习顺利进行，更加有效；教师必须随时处理合作学习过程中的一系列生成性问题，随时利用合作学习中产生的教学资源及时进行引导。

七、采用丰富的评价方式

教师的评价对提高合作学习质量有十分重要的作用，因此教师在每次小组活动中都要及时进行总结评价，评价一定要有鼓励性、针对性、指导性和全面性。

一是重视组内个人评价与小组集体评价相结合。学生个体不仅要完成自己的学习任务，还要协助小组成员完成学习任务，教师要关注每个组组内所有成员的学习状况，通过评价促进小组成员之间互学、互帮、互补，教师尤其要特别关注那些在学习上有一定困难的学生是否积极参与了小组活动。二是要重视组间合作与竞争的评价结合。合作与竞争相结合产生的效果会使学生的思维火花不断闪现，组与组之间相互合作与竞争，使集体中的每一个成员都以饱满的热情投入学习之中。三是重视过程评价与结果评价相结合。教师除对小组学习结果要进行恰如其分的评价外，更要注重对学习过程中学生的合作态度、合作方法、参与程度的评价，要更多地去关注学生的倾听、交流、协作情况。对表现突出的小组和个人，教师要及时给予肯定和表扬，培养学生的团队精神。

小组合作收放有致，发展学生思维品质

在小学数学课堂教学中，教师经常采用小组合作学习的方式进行教学。因此，教师要灵活地控制好小组合作学习的方向盘，做到"收""放"自如，让学生充分地学习交流，培养学生的思维能力。

一、放后聚拢，发展思维灵活性

小学生年龄小，思考问题缺乏条理性，在开放的问题情境中，他们的思维活动往往停留于无序、静止、零碎的层面。学生虽然"想得多"，但难以"思得有序、想得周全"。为此，教师要及时引导学生对开放性问题的答案进行比较、梳理，不但可以使数学知识连点成面，有利于学生形成系统的认知结构，还可以培养学生思维的有序性、条理性、灵活性，促进学生逻辑思维能力发展。

例如教学"13－□＝?"时，当学生反馈出"13－6、13－2、13－8、13－3、13－1、13－9……"等多个算式后，教师点拨："谁能给这些算式有序地排排队?"让学生排队找出这些算式中哪些是退位减法，哪些是不退位减法，从而让学生自主沟通静态的算式，明白算理，并使之有序化、系统化。

二、放后反思，发展思维深刻性

小学生思维停留在表层，往往难以从丰富多彩的开放性答案中洞察、把握数学现象中蕴含的本质规律，揭示出数学知识背后的规律，造成其思考表面化、静态化、机械化。为此，教师要善于引导学生对开放性思维活动进行反思，多想想这些题目有什么共同特点，使学生学会由表及里、由粗及精地深入思考问题。

例如在教授"分数的意义"认识四分之一时，教师让学生用长方形纸折、画四分之一，学生反馈出如下不同折法：

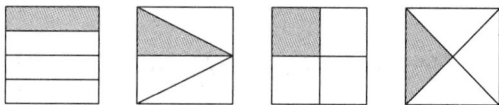

图1　学生不同折法展示图

教师及时追问："这些折法有什么共同点？"让学生理解不同折法背后的规律：虽然这些折法不一样，但都是把一个正方形平均分成四份，取其中的一份，让学生异中求同，体验到数学现象的多样性与规律性之间的关系。

三、放后尝试，发展思维批判性

在开放性问题的教学中，小学生提出的问题解决方案也许正确、合理，但并非最优的答案。此时，教师若"放"而不"收"，会造成学生的思维策略良莠不分；若"放"而强"收"，又不利于学生的自主内化。因此，当学生反馈出优劣并存的多种方案后，教师可变"讲"为"试"，让学生在自主尝试、比较、筛选、建构的活动中，主动对自己或他人的思维成果进行有理有据的评价，大胆取舍，形成不轻信他人，"敢于表述己见、善于提炼真知"的个性品质。

例如在进行"小数四则混合运算"的教学时举了以下例子：

为迎接学校体育运动会，学校即将举办教职工广播操比赛，数学组教师准备做一套广播操运动服：每件上衣用布1.83米，每条裤子用布1.17米，请你帮老师解决这样一个问题：加工15套服装，要用布多少米？

学生列式：

方法一：1.83×15+1.17×15

方法二：（1.83+1.17）×15

接着，教师让学生用自己喜欢的方法试算：一本语文书的价格是6.55元，一本数学书的价格是5.45元，同桌两人的语文书和数学书的总价格是多少元？

算后讨论，这两种计算方法有什么地方不同？发现了什么规律？最终，学生在尝试中深刻体验到"方法一"比较麻烦；"方法二"简便易算，有着更广泛的应用。这样，顺着学生的思维在尝试中"收"，让学生主动参与对多样化计算方法再体验、再优化的选择过程，有利于学生主动提炼出简便方法，培养和发展学生思维的批判性。

四、放后拓展，发展思维严密性

在开放性教学中，有些问题往往会隐去一些前提条件，而使问题的答案趋于多样化。学生对问题答案的前提条件把握得是否准确、清晰，直接制约着思维的缜密水平。为此，教师在开放性教学中，针对学生提出的各种答案，可让学生以果探因、自主选择、思考补充，使答案最优或唯一，在"收"中训练思维的严密性。

如特级教师黄爱华教授"数的整除"教学片段。下课的铃声快要响了，教师没有给学生按部就班地布置作业，而是从容面对全班 40 名学生，一边出示数字卡片 2，一边说："请学号数是 2 的倍数的同学先走。"学生走了一些，接着，教师慢慢地拿出另一张卡片 0.5，让学号数是 0.5 倍数的同学走，有 3 名学生站起来欲走，后来又坐下了。教师提问："为什么大家都不走了？"学生结合整除应具备的条件说明了理由。教师接着又分别出示卡片 3、5，学号数是 3、5 的倍数的学生走出教室。最后剩下学号是 1、7、11、13、17、19、23、29、31、37 的学生，这时教师不再出示卡片，而是问学生："你们怎么不走呢？"学生回答说："我们的学号数都不是教师拿出的卡片上的数的倍数。""那么，老师出示哪个数，大家就都可以走了？"学生积极地思考后，异口同声地说："1。"教师出示一个大大的卡片 1，最后 10 名学生在下课铃声中欢快地离开了教室。

课堂的"开放"并不意味着教师可以成为课堂的"旁观者"或"边缘人"。恰恰相反，由于开放会催生出许多"生成性资源"，因而给教师带来了更大的挑战。教师必须以课前预设为参照，有效地整合、提升众多的"生成性资源"，充分发挥教师的教学机智，做到"收""放"有致。"收"是一种"聚拢"，意在把学生散点式的思考集聚成为促进其发展的资源；"收"是一种"导引"，意在凸显教育的价值引导作用，保证学生的思考与理解不偏离教材意涵且依循正确的价值倾向；"收"是一种"提升"，教师应当在充分倾听的情况下，整合不同的理解和思考，并将之提升到一种更高的水平。

小学数学课堂教学三个优化

随着教育改革的不断深入和发展，在小学数学课堂教学中如何更好地实施素质教育，是摆在小学数学教育工作者面前的重要课题。素质是指人在通过后天环境影响和教育训练所获得的稳定的长期发挥作用的基本品质结构，包括人的思想、知识、身体、心理品质等。素质教育是指通过教育培养和训练，使学生的素质得到全面、和谐发展。"素质教育的目标是使学生的各方面素质充分、全面和谐地得到发展，而这一目标又是通过德、智、体、美、劳这五方面教育来实现的。正确的'五育'观是实施素质教育的根本保证，必须将'五育'有机整合。"[①] 在小学数学教学中实施素质教育，提高教育质量，教师应处理好三个优化。

一、主体优化

素质教育是面向全体学生的教育。在教学活动中，学生是主体性的。所谓主体性，是指作为认识主体处理外部世界关系时的表现，是学生在教师指导下积极主动进行学习时表现出的一种主观能动性。学生主体的优化，可从以下几方面着手。

（一）激发学习兴趣

心理学告诉我们，兴趣是人们对客观事物的选择性态度，是积极认识某种事物或参加某种活动的心理倾向，它是学生积极主动地获取知识，形成技能的重要动力。因此，教学中教师要设法使学生对数学学习产生浓厚兴趣，是优化学生主体作用的前提。首先，教师在教授新知识之前，生动形象地讲清这堂课所学知识在实际中的应用，或对今后学习新知识的作用和意义，激发学生的求

---

① 童明：《"五育"的整体性与素质教育》，《辽宁教育学院学报》，2001年第18期，第58页。

知欲。其次，教学中要善于围绕知识的内在联系，有意设置能引起学生认知矛盾的问题，引发学生的思考，激发学生研究探讨解决问题的兴趣，引导学生通过知识的迁移，使问题得以解决。最后，教师要发展学生的个性，使培养优生和提高学困生同步发展。对待优生，要引导他们发现规律、培养触类旁通的能力；对待学困生要尽量给他们创造发展的机会，把一些较简单的问题让他们回答，使其从中发现自我价值。这样，学生都能在享受成功的愉悦中，不断地形成良好的学习兴趣，为学生积极参与学习提供原动力。

（二）加强直观操作

小学生的思维正处在由具体形象思维向抽象逻辑思维过渡的阶段。对他们来讲，一切真知始于操作之中。因此，操作既是学生认识概念、理解法则的一种重要途径，又是促进学生积极参与认识活动的一种重要方法和手段。教师在指导学生操作时，要向学生讲明操作的目的、方法、步骤，给学生的操作思维以导向。在操作中，教师要指导学生加强思维训练，让学生边做边想；操作后使学生能够离开实物，想象出操作的过程和结果，从而建立清晰的表象；让学生用语言按一定的顺序说出操作的过程和结果，使学生的直观感知进一步深化；要求学生对其所见的表象进行抽象概括，类比推出一般规律。

（三）注重观察比较

观察是教学中有计划、有组织、有指导的感知。通过观察可以帮助学生在自己头脑中积累为思维加工所必需的感性材料，其目的在于提供领会抽象知识所必需的认识支柱。为此，教师在教学中要让学生掌握观察的方法和技巧，养成良好的观察习惯。教师在引导学生观察前要给学生提供充分、准确、鲜明，能引起学生观察兴趣的材料或事实；在观察中，教师要引导学生按一定的顺序或思路进行观察，从中学习观察顺序，理解和掌握比较方法；观察后，教师要让学生运用数学语言表述观察的结果，总结发现事物的一般规律，从而使学生掌握获得的新知识。

（四）强调思维发展

观察是用来认识事实的，思维是用来概括和抽象的。观察是认知的直接方式，思维是认识的间接方式，思维的结果是理解所研究事物的各种联系和关系，理解他们的概念，获得对事物的理性认识。教师在教学中要根据不同的教学内容，有目的地让学生学会思维，获得发展认识的能力。此外，教师还要教

给学生思维的方法，要恰当运用观察、比较、分析、综合、抽象、概括等方法去思维。

二、主导优化

教师是教育教学活动的指导者和教育者，是教育过程的组织者和领导者，对学生的学习起着主导性作用。教师主导作用的优化，可从以下几方面考虑。

（一）明确教学目标

小学数学教学大纲规定的教学目标，既体现了国家和社会对小学数学的教学要求，又是教师完成总体和具体教学任务的目的和结果。但由于不同班级的学生各不相同，需要教师在认真学习的基础上，根据教材特点、学生年龄特征等要求，分别制定每一学期、每一单元、每一课时的教学要求，使课堂教学要求明确、具体，便于操作，以保证教学的方向。

（二）精选教学内容

小学数学教材提供了教学的内容，但是教师要在 40 分钟内上好一节数学课，使学生积极主动地掌握知识，发展学生的智力和培养能力，就要对教学内容进行精心选择。教师对每一节课的教学内容都要区分主次、轻重，厘清知识间的联系，选择出主要的、本质的东西，以把握教学的关键。在知识的呈现形式上，根据学生的认知特点，将抽象的内容组成一个系统性强、逻辑层次清晰、重难点梯度适宜、与学生认知结构相适应的知识网，促进学生认知结构的发展。

（三）改进教学结构

教学结构是指一节课的组成部分和各组成部分的顺序。数学课堂教学结构没有一个一成不变的模式，但是课堂教学还是有其基本的结构。教师确定课堂教学结构，要有针对性地把复习铺垫、新知识和新操作方式、运用练习等基本环节恰当安排，使课堂教学结构能反映学生的认知活动，发展学生的智力和能力。

（四）调控教学时间

在每一节课中教师应将主要教学任务安排在学生注意力集中的最佳时间

（上课后 5 分钟至 20 分钟）完成。然后教师通过课堂教学信息的反馈，及时发现学生对旧知识的运用情况，对新知识的掌握情况，学生完成巩固练习、综合练习、发展性练习所达到的水平，有效地对课堂教学进行调控，力争在 40 分钟内实现教学目的和要求，提高教学质量。

三、练习优化

在小学数学课堂教学活动中，要自始至终体现"练"，即练习。练习是学生理解和巩固所学知识的手段，也是学生由知识向能力、智力转化和发展的有效方法，还是教师了解学生情况及时协调教师教学的重要途径。练习的优化，可从以下几方面进行思考。

（一）强化练习的目的性

练习的目的性即练习要围绕教学目标进行。教师要做到这一点，首先，要重视为讲授新知识所设计的铺垫练习中蕴含的教学知识要点的针对性；其次，是讲授新知时，要为突破重点、分散难点、解决关键设计练习题；再次，当讲完例题设计练习题时，更要讲究练习的目的性；最后，进行阶段复习时，应设计一些对比练习、专项练习等，避免机械重复。

（二）讲究练习的阶梯性

针对一堂课或某一环节的练习，都应注意由易到难、由简到繁、梯次安排。一堂课的练习应是"前有铺垫、中有突破、后有发展"。前有铺垫，即学习新知识前复习有关的旧知识；中有突破，就是针对本节课的重点、难点设计练习；后有发展，就是设计好变式题、综合题和带较强智力因素的题，以利于不同层次学生的需要。

（三）重视练习的多样性

练习的多样性是指对某一知识采取不同形式，教师从不同角度和侧面组织多样性的练习，以达到灵活运用知识的目的。这样不但可以激发学生的兴趣，调动学习的积极性，而且有利于对学生能力的培养和提高。

（四）注意练习的沟通性

通过沟通性练习建立知识的结构网络。这对培养学生的综合概括能力、灵

活运用知识的能力非常重要。教师设计的沟通性练习包括数学知识的横向沟通和纵向沟通。

（五）加强练习的整体性

知识是需要教师逐节、逐条地讲解，学生要一点一滴地学习吸收，如果不注意对知识的阶段整理，学生头脑里的知识往往是杂乱的。为此，教师要通过设计练习将知识理出规律，给学生一个完整的、系统的概念十分有必要。

（六）注重练习的思想性

教师的练习设计尤其要注意其思想性。根据小学数学的学科特点与教学内容，适时渗透思想品德教育，在小学数学教育中培养德智体美劳全面发展的社会主义建设者和接班人，是小学数学学科教育的重要任务之一。

在小学数学课堂教学中，教师要做好"主体优化、主导优化、练习优化"三个优化，充分挖掘学生的潜能，使课堂生动活泼，让学生获得积极主动的发展，真正提高教育质量，培养全面发展的社会主义建设者和接班人。

感悟课堂生成的灵动美

近年来，随着课改的深入，我们越来越深刻地认识到数学课堂教学过程是师生交往、积极互动、共同发展的开放动态生成过程。课堂教学是预设与生成、封闭与开放的统一体，课堂教学应该突破"预设"的樊笼，变"预设"为"生成与建构"，积极引导学生经历数学知识的"再创造"过程，使学生在参与和体悟"问题解决"的过程中，"生成"建构属于自己的认知结构，真正促进学生的可持续发展。因此，教师应在备课预设的基础上，追求课堂教学的动态生成与主动建构，更多地关注师生共同的生命历程，让课堂教学焕发出生命的活力。

西师版小学数学教材"东南西北"教学片段

"同学们，你们知道在 2004 年雅典奥运会上，中国体育代表团共获得多少枚金牌吗？"

我的话音刚落，学生齐刷刷地举起了小手。

"我知道，我知道，一共是 32 枚！"

"话匣子"赵恒控制不住自己，已经吼了出来。

"是的，同学们，我们一共获得了 32 枚沉甸甸的金牌，跃居金牌榜的第二位。尤其是在今年的田径赛场上，我们国家出现了一位世界飞人，你们知道他是谁吗？"

"刘翔！刘翔！"这一次，学生已不再举手，异口同声地回答。

"同学们，看来你们都非常关心国家的体育大事，下面，让我们随着这熟悉的旋律，一起重温这激动人心的一刻。"

"五星红旗，你是我的骄傲，五星红旗，我为你自豪……"我轻轻地点击鼠标，高亢的乐曲在教室中回响，刘翔的矫健身影在屏幕上闪现。同学们早也按捺不住自己激动的情绪，不约而同地站起来、拍着手，一起随着乐曲高歌……

"同学们，中国体育代表团所取得的骄人战绩，再一次把世界体坛的目光引向了中国，引向了 2008 年的中国北京。在世界地图上，中国像一只傲然屹立的雄鸡，挺立在世界的东方。"

我再一次轻轻地点击鼠标，屏幕上出现中国的版图。"同学们，你们知道在地图上应该怎样来辨别东、南、西、北四个方向吗？这一节课，我们就一起来研究方向，好吗？"

"好！"学生激动地回答。

我随即在黑板上板书：东南西北，引出了课题。

教材是重要的课程资源，新教材以学生喜闻乐见的童话、故事、游戏、卡通情境等主题图的形式呈现教学内容。同样，学生生活经验、教师的教学经验、教学机智等也是一种重要的课程资源；教师要善于整合各种资源，利用并开发教材以外的各种文本性、非文本性课程资源，为学生的发展提供多种平台。西师版数学教材"东南西北"的教学引入，教师向学生"预设"提供了他们所熟悉的中国奥运健儿们出色表现的资料，充分利用学生现有的知识经验和他所熟悉的事物组织教学，让学生真切感受"生活中处处有数学"，"生成"求知的欲望，觉得数学是一门看得见、摸得着、用得上的学科，让学生学习起来感到亲切、真实，有利于培养他们用数学的眼光来观察周围事物的习惯。良好的开端是成功的一半，学生学习兴趣盎然，也为后续阶段的"生成"教学打下坚实基础，实现学生数学能力的长远发展。

西师版小学数学教材"100 以内数的顺序及大小比较"教学片段

教材分析：西师版数学教材"100 以内数的顺序及大小比较"这一小节在安排时，只是单独地出现一个不完整的 100 以内数的表格，要求学生将表格中未填出的数填写完整，并尝试发现其中的一些规律。

教师出示表 1 后提问："100 以内的数就这么几个吗？"

表 1　100 以内数的顺序及大小比较表（一）

1	2	3	4	5	6	7	8	9	10
	12							19	
		23					28		
			34			37			
				45	46				

				55	56				
			64			67			
		73					78		
	82							89	
91									100

生："还有很多，总共有 100 个。"

师："观察表 1 中已填出的数字，你们发现了什么？"

生："我发现第一行是横着的，另外两行是斜着的。"

生："斜着的两行数，从左上角到右下角，每个数字依次增加 11，从右上角到左下角，每个数字依次增加了 9。"

生："竖着看，每一列的个位数字都相同。"

生："我发现第一行有 9 个一位数，1 个两位数，另外几行都是两位数。"

将 100 以内数以表格的形式分层出示，表 1 只有一横两斜寥寥几行，其余的数全是空着的，这给了学生观察和想象的空间，学生可以从不同的方向进行比较和分析。

表 2　100 以内数的顺序及大小比较表（二）

1	2	3			6		8	9	
		13		15		17	18		20
		23	24	25	26		28		
		33			36	37		39	
	42	43	44			47	48		
51	52			55		57	58	59	
	62	63	64				68		
		73		75	76	77	78	79	
	82	83	84		86	87			
91	92	93		95	96	97	98		

教师出示表 2 后提问："你们能横着把这个表里的第一行至第五行的数填写完整吗？"

师："现在从表格中你们又发现了什么？"

生："我发现横着看，后面一个数比前面一个数逐空增加1。"

生："横着看，我发现每个数与它左右两个数都相差1。"

师："你能竖着把表中未填完整的数填完整吗？试试看。"

师："表2已经填写完了，从表中你又发现了什么？"

生："我发现最后一列的数除了100以外，都是整十数。"

生："我觉得100也可以看作是整十数，因为100里面有10个十。"

生："我发现每一列的上下两个数相差10。"

生："从上到下竖着看，每一列的个位数字相同，十位数字都是从1到9。"

生："我发现这些数中有一半是双数，还有一半是单数。"

师："你是怎么发现的？"

生："这100个数中，第一个数1是单数，第二个数2是双数，第三个数3是单数，第四个数4是双数，它是按照一个单数一个双数这样来排列的，100里面有2个50，所以100里面有50个单数、50个双数。"

师："你说得非常好。这100个数中确实有50个是双数，在数学上我们把它叫作偶数；还有50个是单数，在数学上我们把它叫作奇数。"

生："我发现两位数最小的是10，最大的是99。"

生："我发现最大的两位数是99，最小的三位数是100，它们只相差1。"

将表2分两次进行观察和填写，逐层展示、逐层深入。"横看成岭侧成峰，远近高低各不同"，在学生的眼里，他们都有一份属于自己的发现。"生成"的发现引领着他们，令他们激动、令他们兴奋、令他们神往，他们你一言我一语，共同建构着一座"数"的殿堂，使课堂充满了生机与活力。

其实，"100以内数的顺序及大小比较"这一课中有许多规律，这些被成年人熟视无睹或不以为然的规律，有时会是教师的盲点，以至于教师的"预设"有时显得有些苍白。本案例教学从生成与建构的实际需要出发，对课堂教学进行预设时"着眼于整体、立足于个体、致力于主体"，进行了较成功的分层次教学。另外，教学中教师适时提出的一些诸如"从表格中你们发现了什么"的"大问题"，虽然显得"糙"了一些，但同时也把课上得"大气"了一点，给学生留有想象的余地和自主建构的空间，让他们相互启发、相互竞争。学生的这些发现虽然在情理之中，却又在教师的意料之外，总是能把一次次的"再创造"演绎得多姿多彩。

教师应在教学中处理好预设与生成的关系，要以学生为本，尊重学生的自主性，倡导创新学习，张扬学生个性，把学生从传统的"认知体"提升到"生命体"是课堂教学体现民主、平等、宽容的需要，也是学生自主学习、探究学习、合作学习的需要。成功的预设与生成的最佳效果应该是"心中有案、行中无案"，寓有形的预设于无形的、动态的教学中，真正融于互动的课堂中，不断捕捉、重组从学生那里涌现出来的信息，随时把握课堂教学中的灵动点，把握促使课堂教学动态生成的切入点，使教学过程真正呈现出动态生成的创生性质。精心地预设、动态地生成，犹如一次美丽的邂逅，让师生心中泛起层层的涟漪，平静过后充满创造性的课堂氛围则永远地留在了学生的心底。

迈向小学数学课堂生活化的世界

数学教学应是在数学活动中的教学，教师要紧密联系学生的生活环境，从学生的经验和已有的知识出发，创设生动的数学情境。要重视从学生的生活实践经验和已有的知识中学习数学和理解数学。教育家陶行知先生曾指出，"行是知之始，知是行之成"①。数学教学只有从学生的生活经验出发，让学生在生活中"学数学、用数学"，这样数学教学才能焕发生命活力。在小学数学教学中，教师应尽量从生活实际出发，把教材内容与"数学现实"有机结合。这样能符合小学生的认知特点，可以消除小学生对数学知识的陌生感，唤起小学生的学习兴趣，增强小学生的应用意识。

一、创设生活情境，提炼数学问题

数学来源于生活，现实生活情境中充满着许多生动有趣的数学问题，"数学生活情境"不仅包含与数学知识有关的信息，还包括那些与问题紧密联系在一起的生活背景。它是沟通现实生活与数学学习之间、具体问题与抽象概念之间联系的桥梁。教师引导学生从实际的生活情境中发现数学问题、采集数学问题、提炼数学问题，再引导学生开展观察、操作、猜想、推理、交流等活动，使学生通过数学活动，掌握基本的数学知识和技能，初步学会从数学的角度去观察事物、思考问题，激发他们对数学的兴趣及学好数学的愿望。

例如，在"三步计算应用题"复习课时，教师别出心裁地设计了这样一个联系生活情境的教学片段。

师："同学们，在周末的秋游活动中，我们去参观了江阳污水处理厂，同学们写了许多精彩的数学日记，教师把其中的几个问题进行了整理。"

---

① 方明：《陶行知教育名篇》，教育科学出版社，2005 年，第 109 页。

144

整队时，同学们每行排 8 人，正好排了 6 列。准备出发时，有人提出队伍太宽，影响交通秩序，提议只排 4 列，这样要排多少行呢？

在参观的路上，走了 15 分钟，正好走了 1200 米，有同学问还要走多长时间。污水处理厂的叔叔告诉我们，照现在的速度还要约 12 分钟，请问：从学校到江阳污水处理厂约有多少米？

来到污水处理厂，门口装扮得非常漂亮，其中也有数学问题，前面摆着12 盆菊花，每两盆菊花中间摆 2 盆茉莉花。一共摆了几盆花？

经过参观，了解到一些有关污水处理的信息：本月第一周处理了污水 320吨，第二周处理污水是第一周的 2 倍，第三周处理污水比第一周与第二周的总和少 200 吨，那么第二周处理了污水多少吨，第三周处理了污水多少吨？

教师这样的教学设计把学生带入了现实情境当中，使学生感到数学来源于生活，原来枯燥的应用题有了"应用味"，使数学教学与生活真正地融为一体。

二、联系生活实际，适当整合教材

时代的发展使得现行教材内容滞后，教师应该把握时代对数学教学的要求，在充分理解和领会教材编排意图的基础上，从学生的生活经验和内在需要出发，灵活处理和运用教材，并及时吸收、补充一些富有时代气息、贴近学生生活实际、为学生所喜闻乐见的学习材料，让学生在解决身边具体问题的过程中，体会数学的意义。

现行课本上的例题大都是一些条件充足、问题明确的标准题。可在实际生活中，问题并不像课本中的例题那样，条件和问题都十分明确并能一一对应，而是需要学生去收集数据、创造条件。因此，教师可根据教学的需要将课本中的例题进行适当改组，成为"问题—解决"形式的题目。

三、加强实践操作，培养动手能力

教学实践告诉我们，把课堂上所学数学知识应用于生活实际，学生往往会被错综复杂的生活现实困住。这就要求教师在课堂教学中必须加强实践操作能力，也培养学生将所学知识运用于实际生活的能力。

例如：一位教师教学"比和比例"的教学设计，很值得我们借鉴。在学习了"比和比例"后，教师把学生带到操场上，让学生测量计算学校操场旗杆的

高度，应如何测量？

面对如此高难度的问题，多数同学摇摇头，少数几个学生窃窃私语。有的学生提出爬上旗杆去量。有的学生提出把旗杆倒下来量。还有学生提议量升旗的绳子，再除以 2。这可是个好办法，可顶上有一部分，该怎么办？

教师适时取来了一根长 1 米的米尺，笔直插在旗杆边。这时正好阳光灿烂，在旗杆影子的边上马上出现了米尺的影子，量得这影子长 0.45 米。

于是教师启发学生思考：从尺长与影子的比，你能想出测量旗杆高度的办法吗？

学生议论纷纷，也不断地猜想，不断地假设，终于得出：在同一时间内，旗杆的高度与它的影长的比等于米尺的长度与它影长的比。

于是学生很快算出了旗杆的高。学生兴趣盎然，利用课余时间还继续测量了学校多功能教学楼的高度。

这种教学方法不仅培养了学生运用所学知识解决实际问题的能力，还使学生在活动中经历运用所学数学知识解决实际问题的过程，培养了学生在生活中运用数学的意识。

四、探讨生活未知，培养创新思维

学起于思、思源于疑，教学过程是一个解决问题的动态过程，课堂教学是培养学生创新思维的主渠道，教材是教学内容的案例，为培养学生创新思维必须紧扣教材。教材中蕴含着许多利于培养学生创新思维的题目——创新点。教师在教学过程中巧设问题，在教学内容与学生求知心理之间创设"认知矛盾"，把学生引入到现实生活的未知数学问题上，促使学生产生弄清未知问题的心理需求，引发学生求知欲。

例如，在六年级的"应用题复习"一课的教学中，教师设计了这样一个与生活紧密相连的数学问题。

师："前几天，实验小学的 2 位教师和我们学校的 5 位教师去成都听课，包了一辆车 840 元，请问，两所学校应该怎样付车费？"

生 1："我认为按比例分配比较合理，实验小学去的教师少，他们付的车钱也应该少一点。"

生 2："把 840 元钱按人数 2∶5 进行按比例分配计算。"

师："请同学们算一算，两所学校应各付多少元。"

学生短暂地思考、动笔计算后，纷纷举起了手。

生 3："$840÷（2+5）=120$（元），算出这样的 1 份是 120 元，而我们学校有这样的 5 份，实验小学有这样的 2 份，所以我们学校应该出的钱是 $120×5=600$（元），实验小学应该出的钱是 $120×2=240$（元）。"

师："不错，老师的想法和你一样，还有其他的解题方法吗？"

生 4："我的想法和他不一样，我是先算出我们学校和实验小学各占了几分之几，再算出各应付多少元，我们学校需要付 $840×\dfrac{5}{7}=600$（元），实验小学需要付 $560×\dfrac{2}{7}=240$（元）。"

课堂上洋溢着欢乐的气息，使学生感受到数学就在身边，生活中处处有数学，同时激发了学生探索精神，使学生能更积极主动地参与到课堂教学中。

五、回归生活时空，力求学以致用

"数学源于生活，数学根植于生活，数学和生活之间存在着密切的关系。"①《义务教育数学课程标准》指出，教师应充分利用学生已有的生活经验，引导学生把所学的数学知识应用到现实中去，以体会数学在现实生活中的应用价值。学生学习数学应当成为学生探索数学世界的过程，要提高学生运用所学知识与方法解决简单实际问题的能力，必须注重与实践活动相结合，在实践活动中培养学生运用数学的意识和能力，使学生在运用数学知识解决生活中实际问题的同时，更深刻地认识数学的作用，体会数学的应用性，从而激发起学生爱数学、学数学、用数学的情感，从中体会成功运用数学知识解决问题的喜悦。

例如，教师在上"周长与面积"的复习课时设计了一道实践题：

王叔叔准备流转如图所示的一块荒地，如果每平方米底价 200 元，现有一位厂商准备用 40 万元买下这块荒地的使用权，你认为够不够？

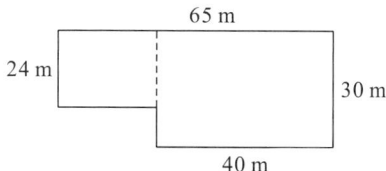

图 1　流转荒地示意图

---

①　曹跃：《链接生活数学　打造魅力课堂——小学数学教学生活化策略举隅》，《小学教学参考》，2013 年第 6 期，第 50 页。

在学生独立思考、小组讨论后，出现了几种不同的意见。

生1："够用，因为按底价计算，这块流转荒地的总价是36万元，而厂商有40万元。"

生2："不够用，因为每平方米200元只是流转底价，万一流转时价位提高，就可能不够了。"

生3："我们经过计算，（65－40）×24＋30×40＝1800（平方米），400000÷1800≈222（元），认为价位在每平方米222元以下就够，否则是不够的。"

这一练习是教师根据生活实际精心设计的，引导学生对计算结果的合理性进行了讨论，要求说明理由，从而让学生感悟到"具体问题需要具体分析"，提高其解决实际问题的能力。

数学来源于生活，又高于生活，数学是对生活的提炼和对生活的超越。数学教学生活化不是用"生活味"完全取代数学教学所应具有的"数学味"，而应是借助现实、有趣的内容沟通生活数学与书本数学的联系，实现二者在更高层次上的整合，即数学知识生活化、生活世界数学化。"生活化"是基础，它帮助学生理解抽象的数学；"数学化"是目标，它帮助学生认识生活世界，解决生活世界中的问题。教学中，教师要通过"生活化"实现"数学化"，使数学学习真正成为学生生活的一部分。

现代教育技术辅助教学的误区及对策

随着现代信息技术的发展，现代教育技术已经在学校的教育教学中被广泛应用。现代教育技术辅助教学的应用，不仅有助于改进教学方法，优化教学结构，还可以提高教学质量。教学实践中有不少教师在运用现代教育技术辅助教学中还存在着一些误区。如何克服这些误区，更好地提高现代教育技术辅助教学是一个值得令人深入思考的问题。

一、现代教育技术辅助教学的误区枚举

现代教育技术辅助教学提高了师生教与学的效率，受到了大家的喜爱。但如果运用不当，也会适得其反。

（一）注重形式，忽视目的

现代教育技术被广泛地应用于教学中，但一些教师在进行现代教育技术课件稿本设计时，只考虑如何使用图、文、声、像的形式去呈现教材内容，制作课件时，只是一味地将多种信息媒体无原则组合在一起，追求界面上的漂亮，而忽视了现代教育技术课件是为了辅助教师解决教学内容的重点和难点，以提高课堂教学效率、全面提高学生素质。因此，教师在设计课件时必须以学习目的为根本宗旨，做到形式和内容上的统一。

（二）脱离学生，脱离实际

现代教育技术更新速度快，不少教师还不能熟练运用现代教育技术辅助教学，在设计现代教育技术课件时，经常只注重自己如何传授知识内容，用课件替代板书，播放速度快，学生只能机械地、程式化地学习。教师在设计课件时应该把教师教的过程与学生学的过程结合起来，在课件脚本设计前要对学生的心理特征、兴趣爱好、学习能力进行分析，充分考虑学生的学习需要。

（三）注重课件，忽视主导

个别教师一进课堂，就拿出制作的课件，有时甚至是别人制作的完全没有经过自己思考修改的课件，整节课上教师只是点点鼠标、读一读课件中的内容，用课件完全代替教师的讲解与演示实验，忽视启发学生思考的重要性，甚至没给学生思考时间，没有考虑到现代教育技术课件的强大交互性，这是非常不正确的。教师忽视了现代教育技术只是一种辅助教学手段，不能超越它的使用者——教师，教师仍是课堂教学的主导者。

（四）容量过大，难以接受

有的教师在利用现代教育技术辅助教学时，任意合并教学单元，一节课中出现过多的概念、原理及规律，使学生难以接受。切记不要因为现代教育技术辅助教学能够实现大容量、高密度的信息交换，就过分加大课堂的知识容量，变成现代化的"机注式"教学，而应该考虑到学生的学习情况，围绕一节课的教学重点、难点从不同的角度、层面去帮助学生深入理解知识内涵，扩展知识结构，发展学生各种能力。教师要用现代教育理论来指导教学实践，适时、适当、适度地使用现代教育技术分析教材内容，讲解学习新知识的方法，培养学习能力。

二、现代教育技术辅助教学的对策建议

（一）以人为本，强化师资培训

运用现代教育技术是以教师素质的现代化为依托的，教师的素质决定着教育现代化实施的可行性和有效性，建设一支具有现代教育思想和教学技能的师资队伍，是发展学校现代教育的核心。学校对现代教育技术辅助教学师资的培训，可从现代教育理论、现代专业文化知识、现代教育技术三大内容入手，从教师对现代教育技术的使用、开发、研究三方面展开。明确普及与提高两个层面：普及层面的要求是适应性培训，目的是适应当前现代教育技术普及运用的需要，这种需要带有一定的强制性，即要满足最基本的要求；提高层面的要求是发展性培训，目的在于培养运用现代教育技术的带头人，这种需要是带有鼓励性和导向性的，即从教育的发展需要出发。培训遵循三个原则：在目标的制定上，注意结合当前教师现状；在内容的确定上，注意将知识的更新与能力的

提高相结合；在培养的对象上，注意将骨干重点培养与短期专题进修相结合。

（1）与学校办学目标相结合。

建设现代化名校是每个学校的奋斗目标，泸师附小确立了"科研兴校"的目标，以教育科研为龙头，以教育现代化为突破口，以改革课堂教学为核心，以培养创新型人才为宗旨。加快学校教育现代化进程，这取决于现代创新型教师队伍建设的力度和速度，也取决于教师队伍建设的质量，学校始终把教师培训放在极其重要的地位，使师资队伍培训有明确的方向。

（2）与日常教研活动相结合。

学校目前正承担着多项教科研任务，其中有关现代教育技术方面的有三项，有省级电教规划课题研究成果《运用现代教育技术，培养新型教师队伍实验研究》，有市区级电教规划课题研究成果《开展计算机活动，培养学生创新能力》和《计算机辅助美术教学实验》。学校把师资队伍培训项目进行分解，融入平时的教学和科研实践活动之中，鼓励教师发展自己的专业性，开发多项课题。

（3）与教师专业成长相结合。

学校现代教育技术师资队伍培训要树立创新成果意识，与教师评优晋级相结合。社会的快速发展，人才竞争日趋激烈，而竞争的结果必然导致优胜劣汰。树立创新、竞争意识，建立和完善学校的竞争机制和激励机制，有利于振奋教师的创新精神，有利于激励教师进行创新实践活动，提高教师的教育教学能力。

（二）注重投入，强化环境建设

建设学校现代教育技术辅助教学环境，是实现学校教育现代化的物质条件。学校在建设过程中由于经费缺乏、师资队伍水平不高，现代教育技术辅助不能一步到位，而采用了总体设计、分步实施、逐步完善的方法。

近几年，学校先后投入500多万元，建立了现代教育技术校园网络。这是一个将网络化、数字化、智能化有机结合的新型教育、管理、学习和研究的校园平台。在普通教室及科学、美术、音乐等专业教室，多功能室配置了一体机、校园闭路电视系统、校园广播音响系统等设备。建立了多媒体综合教学平台、高清录播教室、语言教学实验室、教学课件制作中心、有线电视演播中心、学生电子阅览室等。建立了交互性强的校园网站，及时公布学校的最新信息，进行互相学习和交流，为教师更好地开展现代教育技术辅助教学提供帮助。

（三）联系实际，提高教学水平

现代教育技术辅助教学是当前教学改革的前沿，在现代教育技术辅助教学过程中，教师应努力把握好这一发展趋势。

（1）强调学生主体认知。

充分发挥好学生的主体作用是课堂教学的主要特征之一，学校以现代教育技术的开发应用作为教学改革的突破口，让师生运用多种媒体进行更广泛的交流，促使师生双方不断纠正各自的教学行为与学习行为。

（2）重视心理学的指导。

学校重视心理学知识在现代教育技术辅助教学中的指导应用，教师在课堂上运用多媒体手段，创设生动的教学情境，让学生在声、光、影、像的综合信息环境中，观察、了解、认识事物的现象与本质，构建知识体系，使学生的学习活动成为一种自主愉快、探索创造的过程。

（3）培养学生创新能力。

教师利用现代教育技术辅助教学，使学生得到多感官的刺激，能不断激发学生的学习兴趣，使学生不断变换教学信息需求，借助多媒体教学系统去获取新的信息，更好地培养学生创新能力。

（四）检查监督，制度建设保障

学校在推进现代教育技术辅助教学的过程中十分重视制度建设，在使用方面建立了相关管理制度，专业教室使用登记制度，新设备、软件介绍推荐制度，教师培训制度等。学校采取"听、查、评"的方式，加强对教师运用现代教育技术辅助教学的过程管理。"听"：有目的、有计划地到课堂听课，到教研室参加集体备课，并提出建议。"查"：查看器材使用率，教案、课件的准备与研制等。"评"：评选优秀教案、论文、先进个人等，并给予表彰奖励。学校科学化、规范化的管理，较好地提高了现代教育技术设备的使用率，充分调动了全校教师运用现代教育技术辅助教学的积极性。

现代教育技术的发展对课堂教学改革的发展有着巨大的推动作用。教师在运用现代教育技术辅助教学的过程中，应不断总结与完善使用现代教育技术的经验与教训，最大限度地发挥现代教育技术辅助教学的优势，创造性地开展工作，使其更好地为教育教学服务。

丰富评价方法　促进学生发展

"为了每一个学生的发展"是新课程改革的核心。课程改革更关注学生的学习过程，倡导学生在学习过程中主动参与、乐于探究、勤于动手，培养学生收集和处理信息的能力、获取新知识的能力、分析和解决问题的能力、交流与合作的能力等多方面能力，促进学生的全面发展。

丰富评价方法、促进学生发展，是每一个教师的美好追求。在小学数学教学中认真开展评价，教学应激发学生学习数学兴趣、提高学生数学知识水平、提升学生数学应用能力。教师应建立评价目标多元、评价方法多样的评价体系，熟知学生的学习历程，灵活改进教师课堂教学的内容及方法等。

小学数学教学评价要遵循以下几个原则：一是发展性原则，评价要促进学生主动发展，增强学生持续发展的内驱力；二是全面性原则，在评价内容、评价指标等方面要体现全面性，既要提高学生数学素质，又要提高学生综合素质；三是主体性原则，学生是数学教学的主体，评价的方式、方法要适合学生的年龄特征；四是过程性原则，评价要贯穿学生学习数学全过程，贯穿学生数学素养及综合素质发展全过程；五是合作性原则，在学生自我评价的基础上，开展好师生、家校等合作评价。

如何在小学数学教学中开展评价改革，提高教学质量，促进学生全面发展和教师业务提升。我们从教师评价、学生评价、家长评价三个方面进行了深入探索。

一、教师评价

教师是小学数学课堂教学的组织者和引导者，教师评价会对学生产生重大影响，教师评价是学生完成一切数学学习活动的调味剂和催化剂。

（一）常规性作业

（1）家庭作业。

教师对学生家庭作业的评价，力求直观有效，我们尝试创新采用的"红旗图"评价方法简单明了，教师再适时辅之以激励性评语，学生及家长对此都非常喜欢。具体操作方式为：学生家庭作业全部完成，教师画上一面红旗，在红旗图上写上"1"，表示学生得到了第一面红旗；学生家庭作业全部正确，教师再写上"2"，表示学生得到了第二面红旗；学生家庭作业书写整洁美观，教师再写上"3"，表示学生得到了第三面红旗；学生家庭作业思路有创意，教师再写上"4"，表示学生得到了第四面红旗。

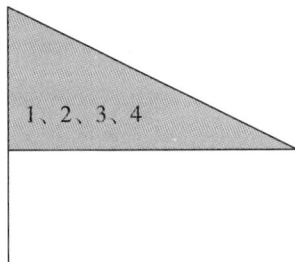

图1　学生家庭作业评价"红旗图"

"红旗图"评价清楚明白，四个数字分别代表家庭作业完成的四个层次，学生就能用四个标准来衡量自己家庭作业的完成情况。学生从教师给的"红旗图"中了解自己的作业质量，也知道下次完成家庭作业需要努力的方向，这样有利于培养学生完成家庭作业的习惯。

（2）课堂作业。

书写工整、美观大方、正确无误的学生课堂作业，其中饱含着一个学生完成作业过程中的专注与努力。教师对于这样的作业，除了传统的评价方法，还可以在作业本上画上激励性符号，写上鼓励性评语。如在作业本上画上一个笑脸娃娃、一个红红的苹果等激励性符号，学生累积满5次，可以在教师那里换一朵大红花，光荣地把它张贴在"班级成长树"上。

（二）研究性作业

开展研究性学习是新课程改革的要求，每册新教材中都间隔安排几个有研究性、实践性数学小课题，在平时的教学工作中，教师也可以布置一些研究性、实践性作业。开展研究性作业评价，可以更好地培养学生的创新思维，在低年段教学中，可由教师设计统一格式，随着学生自主能力的增强，可由学生个人或学习小组共同设计。

表1　学生研究性作业记录表

班　级		姓　名	
研究课题	"方向与位置"	完成日期	

　　我们都非常喜欢自己的学校，学校的教学楼、运动场、食堂等是怎样布置的？学校的东、南、西、北各有什么？请你用自己喜欢的方式画简图表示出来。

你前面的同学是谁？	
你后面的同学是谁？	
你左面的同学是谁？	
你右面的同学是谁？	

　　你还了解哪些辨别"方向与位置"的方法？请你写下来，再和大家说一说。

（三）"班级成长树"评价

　　"班级成长树"评价源于学校各班开展的红花榜、学习园地等全班性展示评价方式。取名"班级成长树"，寓意教学评价要关注学生生命成长，在集体生活中共同成长。师生一起行动，将教室的学习园地，用彩色纸材料等设计成

一棵成长的大树。

对学生完成得非常出色的课堂作业、家庭作业等张贴展览，既是表扬做得好的学生的一种方式，也是一个让全班学生相互学习、提高的机会。

当天在课堂上得到了教师两次以上表扬的同学，在教师处领取奖励花或其他奖励符号，写上自己的姓名和获奖日期，张贴在成长树上。

学生每次取得了优异成绩，在教师处领取奖励花或其他奖励符号，写上自己的姓名和获奖日期，张贴在"班级成长树"上。

期末要举行"班级成长树"总结表扬会。每个学生以学习小组或个人为单位在"班级成长树"旁留影，教师在留影相片背面针对每个学生的实际情况，写上祝福话语，学生将这些成果放在自己每期的成长档案袋中留存。

"班级成长树"评价通过几年实践积累经验后在全校推广，学校各班、各学科教师针对"班级成长树"的评价方式，还创造了类似"班级成长树"的更多、更好的评价方式。

（四）课堂情境评价

教师在数学教学中随时都在进行着课堂情境评价，无论是在课内还是在课外，无论是教师对学生，还是学生对同伴及自己，课堂情境评价一直都在发生。课堂情境评价要充分注重鼓励性，既要鼓励和保护学生已有的主动性、积极性，还要激发学生进一步思考、探索的愿望。评价形式可以是情境语言，也可以是体态动作，还可以是象征性小物件或激励性符号。评价手段既可以运用传统教学媒体，也可以运用现代信息技术媒体。评价对象可以是学生个体，也可以是学习小组。

（1）动作表情式。

课堂教学中，教师的一举一动都会影响学生，在师生活动中，学生总会不断地出现令人欣喜的"亮光"。有的学生语言表达幽默风趣，有的学生实验探究别出心裁，有的学生思考问题条理分明等，教师应抓住学生的这些闪光点，即时发挥课堂情境评价，对学生赞许地点点头，强化学生积极的心理体验。"给学生一颗小星星""送学生一朵小红花""教师与学生拉拉手""摸摸学生的头""师生一起鼓鼓掌"等具体方式，可以让学生在快乐中学习，促进学生在学习中主动寻求自身能力发展，使数学课堂充满生机与活力。

（2）集体榜样式。

课堂教学要培养学生的团队意识与团队精神，让学生在班级、小组中管好自己的同时又帮助他人，让个人与团队共同进步、共同成长。如教师在课堂上以小组为单位，经常开展守纪律、爱发言等组间竞赛，在黑板上给表现出色的小组"戴上鲜艳的大红花"。整堂课下来，学生非常关注黑板上每个小组的红花数量，团队精神在不知不觉中就培养起来了。

第一组　　　　第二组　　　　第三组　　　　第四组

图2　课堂情境"集体榜样式"评价

（五）课堂加星制

教师通过课堂观察，及时了解学生学习情况，给学生鼓励或矫正建议，调控好课堂的节奏与进度。在课堂观察时，教师不仅要关注学生知识、技能的掌握情况，而且还应关注学生在师生互动、生生互动过程中的情感、态度、价值观等，对课堂表现优秀的学生进行记录。教师在记录时可根据实际的需要，关注学生突出的一个或几个方面。在课堂加星制评价实践中，教师设计出了操作简便的课堂加星制评价表，每周对学生课堂学习的表现进行加分，反馈给学生和家长，让学生了解自己一周的表现，查找下周努力的方向。

表2　课堂加星制评价表

姓　名＿＿＿＿　第＿＿＿＿周　＿＿＿＿月＿＿日

观察项目	评价等级
参与活动的态度	☆☆☆☆☆
活动中的动手能力	☆☆☆☆☆
提出数学问题	☆☆☆☆☆
解决数学问题	☆☆☆☆☆
积极发表意见	☆☆☆☆☆
学习中与人合作	☆☆☆☆☆

（六）"成长档案袋"评价

"成长档案袋"评价是新课程改革倡导的一种质性评价方法，学生在教师

和家长指导下，自主收集自己的学习成果，装在档案袋中，以此反映自己的学习历程和学习成果。"成长档案袋"评价记录了学生一段时间的"成长故事"，使学生感受到自己在不断成长，可培养学生学习的自信、认真负责的态度。

学校从学生入学开始，每期为每个学生建立"成长档案袋"，在实施过程中不断丰富、完善档案袋内容。纵观档案袋的收集内容，归结起来有以下十个项目：自我介绍、心灵手巧、星语心愿、有趣的作业、多彩的生活、闪光的心灵、成长记录本、稚嫩的童声、实践积累、多棱镜。每个教师还可以深入开展研究，创造出更多更好的内容与形式。

（七）"学习奖励卡"评价

"学习奖励卡"评价是根据不同年级学生的特点，由教师或师生一起设计制作奖励卡片，填写好奖励内容发给学生，激励学生在某方面的突出表现。低年段学生"学习奖励卡"一般由教师设计制作，中、高年段学生有了较好的自主能力后，可以由师生或学习小组一起设计制作。多年来，我们设计制作了"创新思路""精彩发言""奇思妙想""书写小能手"等班级"学习奖励卡"。

"学习奖励卡"定期在全班评选，学生根据自己最突出的某方面或几方面的表现，自愿申请一种或几种奖励卡，再在全班进行民主评议颁发。例如班上的王某某同学，从开学到现在她已经得到了三张"计算小能手"奖励卡。她已经从自己收获的"计算小能手"奖励卡中感受到数学计算的乐趣，计算越来越准确，学习的劲头也更足了。

★"计算小能手"奖励卡★

最可爱的人：王某某
骄傲与自豪：计　算
名人名言：数学能使你的思想正确、敏捷。有了正确、敏捷的思想，你们才有可能爬上科学的大山。

——数学家　华罗庚

泸师附小奋进班
年　月　日

图3　"计算小能手"奖励卡

二、学生评价

教育家苏霍姆林斯基曾说，"我深信，只有能够激发学生去进行自我教育的教育，才是真正的教育"①。学生是学习活动的主人，教师让学生正确认识和评价自己，认真对待别人提出的缺点，学会扬长避短、提升自我，学会发现和学习他人的优点，学会对他人进行实事求是的评价，培养学生的交往能力，实现学生的自我教育。

（一）课堂学习

学生的学习方法和学习能力绝大情况是在教师指导和同伴互助的情况下，在课堂学习中获得的。在课堂学习中，学生可从课前、课中、课后三方面来评价自己。

（1）课前"预习花"。

课前学生是否认真预习是提高课堂学习效率的重要环节。教师对于每一节新课的学习，都会要求学生课前预习，教师应教给学生预习方法，指导学生学会课前预习的必要性。课前认真预习的学生，都可以为自己点赞，奖励自己课前"预习花"，激励自己把课前预习做得更好，久而久之，学生课前预习的习惯就能培养起来了。

（2）课中"自主花"。

自主、合作、探究是新课改倡导的学习方式，自主是学习的最基本方式，没有自主就没有学习过程的真正发生，只有自主学习才能高效。大多数学课堂，留给学生自主学习的时间较多，学生要勇于自主学习、展示自己，如积极发言、表达见解、认真思考、探究发现，学会倾听、大胆质疑等，给表现优异的自己一朵课中"自主花"。

（3）课后"总结花"。

在每堂课结束后，教师要引导学生对自己的课堂表现进行总结。让学生问问自己这样一些问题：这节课我的学习是否有进步？如果有进步，请给自己一朵"进步花"；这节课，我的表现是否很好？如果很好，请给自己一朵"表现花"。学生总结的问题越小，收获也会越好。

（二）每周自评

每周结束，教师可指导学生对一周学习情况进行自我总结，利用班队会或数学活动课开展，让学生在同桌、小组内交流，也可以到讲台前与全班同学一起交流。通过每周自评，既让学生发现自己的闪光点，在成功中品味快乐，也

---

① B. A. 苏霍姆林斯基：《给教师的建议》，杜殿坤编译，教育科学出版社，1984 年，第 341 页。

让学生意识到自己的不足，寻找身边的榜样，向他们学习。

（1）好的方面。通过努力，我得到了＿＿＿＿颗☆，＿＿＿＿朵🌹，

＿＿＿＿个☺。

（2）不足方面有＿＿＿＿，如认真听课、积极发言、完成作业等。

（3）找学习榜样。我要向＿＿＿＿学习，因为＿＿＿＿＿＿＿＿＿

＿＿＿＿＿＿＿＿＿＿。

（三）数学日记

写日记是文科学习中一种常用的学习方法，在数学学习中也可以运用这种方法。在评价改革中，教师指导学生运用写日记的方法对自己的成长或表现进行评价。数学日记的方式较多，在低年段，教师可以为学生设计统一格式；在中、高年段，学生的自主学习能力有了提高，他们可以采用自己喜欢的方式写数学日记，如学生画思维导图、办数学小报等。

表4　一年级数学日记评价表

＿＿＿年级＿＿＿班　　姓名＿＿＿＿＿＿　　第＿＿＿周

时　间	我学会了	我还想说
星期一		
星期二		
星期三		
星期四		
星期五		
总结：		

（四）课堂随机抽评

在数学课堂教学评价中，随机抽评是学生非常喜欢的一种评价方式。课堂随机抽评由师生创设学习情境，学生充当考官，针对学习内容出题；其余学生充当考生，回答考官的问题。活动方式为考官出题，指名考生甲回答，考生甲

答对了，考官要鼓励考生甲："恭喜你，答对了。"如果考生甲不能回答，考生甲可请同学考生乙帮助回答，要注意使用礼貌用语，考生乙回答正确后，考生甲要向考生乙礼貌道谢。在这种情境式的随机抽评中，学生可体验生活中考生与考官的角色互换，不仅可巩固所学知识和技能，还可增强同学间的友谊，培养了他们合作学习的意识。

三、家长评价

（一）成绩明信片

在传统节日或学生生日之际，学生之间总喜欢互赠明信片或小礼物，这能更好地沟通同学间的感情。受此启发，教师针对学生的心理特点，不同年级的学习内容与要求，设计出不同形式、不同风格的"成绩明信片"，可以作为学期礼物送给孩子。"成绩明信片"倾注了学生、家长、教师多方面的心血，这是一种综合性评价方式，受到了学生、家长、教师的广泛好评。

（二）家长开放日

让家长走进学校、让家庭教育与学校教育有机融合，是促进教育发展的重要途径。近年来，学校教师改变了家长会的模式，除定期召开家长会外，各班还以家长会的形式，开展"家长开放日"活动。把家长请进课堂，观摩教师课堂教学，并且运用书面形式对教师的教学思想、教学方法、教学手段和学生的课堂表现、学习方式等各方面予以评价，既肯定了双方的成绩，又提出了不少建议，对师生给予了很大鼓舞。

（三）学习一家亲

教师定期向家长提供学生学习成果资料，把一段时间里学生学习情况及时反馈给家长，使家长了解孩子的学习表现并及时调整其教育方式。如在每周给家长的"'学习一家亲'评价表"中，也给每个学生留出了自我"评价等级"一栏，每天一颗星，学生可根据每天表现自主填涂，还可以结合教师和家长对自己的评价，用简短的话写一写自己这一周的表现，激励学生自主测评、改进。

家是孩子的温馨港湾，孩子得到家长的关爱，心中就能涌动着幸福的感受。让家长参与评价活动侧面加强了家长对孩子的关注，能更好地促进学生的健康成长。

表6　学习—家亲评价表

姓名_____　　第_____周　　_____年___月___日

尊敬的家长：

为了让您了解孩子学习情况，特把孩子一周学习情况评价表反馈给您，希望得到您的支持与配合，请您提出宝贵建议。

反馈内容	评价等级	反馈内容	评价等级
学习认真	☆☆☆☆☆	活动表现	☆☆☆☆☆
作业完成	☆☆☆☆☆	发表意见	☆☆☆☆☆
与人合作	☆☆☆☆☆	课堂倾听	☆☆☆☆☆
教师评价建议			
家长评价建议			
学生自我评价			

四、评价结果的呈现形式

教师在呈现评价结果时，采用定性与定量相结合的方法。低、中年段学生采取定性描述的方式呈现；高年段学生采用定性与定量相结合的方式呈现，以定性描述为主。定量评价采用等级，定性描述采用评语，一个等级所能反映出的信息有限，对于难以用等级反映的问题，可以用评语补充，这样学生的评价能更全面。

教师的评语无固定的模式，但针对性要强、语言力求简明扼要，以激励性的语言客观、全面描述学生成长状况，充分肯定学生的进步，同时指出学生的不足。教师恰当的评语可以提高学生的兴趣,树立学生学习的自信,明确学生努力的方向。

如教师在对班上数学学习委员王某某同学的评语中这样写道:"王某某小朋友在本期数学学习中,能认真完成每一次作业,积极参与小组讨论,愿意倾听其他同学发言。乐于提出问题,常常想出与其他同学不同的方法解决问题。在认真倾听别人发言方面需要进一步提高。"

评价是课程改革中一个永恒的课题,教师应以"让每一朵鲜花都竞相开放,让每一只小鸟都尽情歌唱"的态度,用坚定的步履陪伴学生健康成长,师生一起走进山花烂漫、百鸟齐鸣的美丽春天。

下篇　教育随笔

让教育诗意地栖居

——写在泸师附小建校 115 周年之际

历史上溯至 115 年前，清政不纲，甲午战争的硝烟与八国联军的炮声惊醒了梦中的国人。国且危亡，何以救之？当举国"废科举、办新学"之际，1901 年，川南有识之士礼聘以教育家赵熙为首的一批社会贤达，扛起"教育兴邦"的大旗，在川南书院创立了川南经纬学堂。

清光绪二十八年（1902），清廷颁布学制，钦定"川南经纬学堂"为"川南师范学堂"。邻近的川滇黔渝莘莘学子，竞相负笈来游，率皆玉成而去。其"川南师范学堂幼稚班"，即今之泸师附小的前身。

锦绣江阳，文化之邦，物换星移，风流往矣。川南师范学堂校名历经川南联合县立师范学校、川南泸县省立师范学校、四川省立师范学校、四川省泸州师范学校等变化。川南师范学堂幼稚班也随之多次更名，自 1957 年起更为泸州师范附属小学校，延续至今。115 年来，一代代泸师附小人艰苦创业、更化鼎新，始终执着于教育追求。学校校址曾辗转于现在的泸县、龙马潭、江阳等地。今天，泸师附小除位于泸州市江阳区凤凰村巷 11 号的校本部外，还拥有泸师附小城西学校、泸师附小习之学校、泸师附小教育集团高新区小学校等几个独立的学区单位，协同发展。

回望过去，泸师附小 115 年的发展历史，大致可分为三个阶段：1902—1948 年、1949—1977 年、1978 年至今。

第一个阶段，泸师附小创业者们结社输新、代英播火、子俊滋兰、为栋为梁。首任学监赵熙先生曾说："为学要为上下古今之学，不能只求耳目尺寸，这叫做纵；当为大通世界之学，不能据守方隅，这就叫横。"所以取名"川南经纬学堂"。从这样的办学宗旨出发，校门上镌刻了一副楹联：合德智体而为士，通天地人之谓儒。

1918 年，朱德在驻防泸州期间，发起组织"东华诗社""振华诗社"，咏吟唱和、抒忧国忧民之情。1922 年，革命先驱恽代英到川南师范学校执教并

接任川南师范及川师附小校长，提出了"立志做人、刚健刻苦、周密恒久"的校训，大刀阔斧对学校进行教育教学改革：教育学生树立正确的人生观、改革教材、改进教学方法、倡导建立新型师生关系、培养全面发展人才等。他还在泸州成立了四川省第一个社会主义青年团，组织川南师范学校旅行讲演团，宣传新思想、新文化及无产阶级革命思想。其后，其后，泸州本土教育家吴子俊担任校长期间，极力反对当时的注入式教学，提倡启发式教学，"学问学问，不能则学，不知则问"，师生中流传着一个"学问校长"的教育故事。

第二个阶段，沐浴新中国的阳光雨露，泸师附小发展壮大。师生群体人才辈出，办学理念继续深化。针对新中国成立伊始、百废待兴、人才缺乏的实际情况，学校积极倡导师范本部提出的"崇德、博学、尚俭、笃行"的八字校训。在"严治学、择高师、亲工农、重践行、育英才"的办学思想指导下，以张定志、唐贵芬等校长为首的学校领导及教师群体，结合学校实际，提出了"立志、好学、求活、创新"的学风，"基础扎实＋个性特长＝泸师附小人"的人才要求，办学规模逐步扩大，教学业绩誉满川南。

我们现在处在泸师附小发展的第三个阶段，这是学校发展最快、成就最辉煌的时期。学校开展了"和谐教育"大讨论，和谐教育是为满足社会发展和学生身心发展需要，使教育的节奏符合学生发展的规律，促进学生基本素质获得全面发展的教育。

"让和雅之花绽放校园"是全体泸师附小人的教育理想，在实施过程中，学校进一步建立了"一个中心、七大平台、三维合力、四大愿景"的"1734"高品质学校建设立体建构模式。学校倡导的"和雅教育"办学理念获得社会广泛好评，办学效益显著，办学质量优异。

泸师附小在不同年代都传承着丰厚的文化印迹，折射着不懈的教育追求。如今，泸师附小积极倡导的"和雅教育"办学理念，"和雅文化，生活教育"的教育主张，"和雅共育，自主成长"的育人追求。

我们的校友、著名的泸州地方史专家、20世纪40年代毕业于泸师附小41班的赵永康先生，在为学校撰写的《四川省泸州师范附属小学校赋》中写道："原吾校之所以为名校，非唯历史悠久，盖以办学思想与时俱进，主政得人而代有名师，根本深而且固也。盛世崇文。今我校长良师，学高为师，身正为范，创生和谐乐章，演绎生命精彩：树其德，强其体，启其智，培养其创新之能力。作育人才，师范百代。美哉，泱泱乎大风。表吾泸者，其吾校乎！"文中既有对泸师附小教育辉煌成就的自豪，也有对现在泸师附小人的期许。

今天的泸师附小要实现持续的发展，再铸百年的新辉煌，还需应对新时代的四大挑战。一是新时期学校怎样转型升级；二是怎样做好对学校优秀文化特别是红色文化的传承；三是在高度物质条件下学校精神应当怎样坚守；四是怎样满足老百姓对优质教育的需求，推进集团化办学，办家门口的好学校。

国家对教育更加重视，各级各类学校硬件建设将不会有太大的差别。教师永远是学校的第一资源，学校教育教学质量提升的关键在教师，学高为师、身正为范永远是一门不会过时的课程。教师要争做促进学生发展、深得同行敬佩的优秀教师，让优秀的观念植入我们的心灵，让优秀的行为承载我们的追求，让优秀的成绩展示我们的风采。泸师附小必须要有书香气，教师要有书卷气，学生要有青春气，家长要有合作气。泸师附小师生个体要大气，在大气中展现勤奋、自信、志远、淡泊、学高、身正的追求；泸师附小师生群体要合作创新，在合作中诠释共同承担、共同创造、共同分享的团队精神。

在新的百年，我们到底要把我们生活、工作、成长的泸师附小建设成什么样的理想学校？这个问题值得每一个泸师附小人仔细思量、认真作答。评判一所学校是否优秀，社会往往只关注学生成绩，显然，他们忽略了学校里最重要的人——学生与教师。在泸师附小建校115年之际，我们全校师生要认识到我们要把我们的学校建设成充满幸福感的学校，我们要做幸福的泸师附小人。

115年过去了，当初矢志教育的先辈和"川南师范学堂幼稚班"均已渐行渐远。现在，作为泸州基础教育的龙头学校，泸师附小就像一艘扬帆的航船，必须直面教育的新发展、新要求，更好地起到引领示范的作用。正如赵永康先生在泸师附小校赋中所写："弘文益教，前贤筚路蓝缕兮。兴隆教化，有望乎今人。"

本文写于2016年

国培相约促成长

1994 年 8 月，十几岁的我从泸州师范学校毕业，留校到泸师附小任教。这是一所具有悠久办学历史和光荣革命传统的百年名校。学校以先进的办学理念、鲜明的办学特色、独特的品牌文化、科学的管理体系、一流的师资队伍、阳光的学生个性、和谐的校园环境受到了广大市民的青睐，办学质量享誉川南地区。

自从任教以来，我先后教过语文、数学、科学、体育、信息技术、劳动、书法等近十门学科，任教时间最长的是数学。在做好教学工作的同时，我先后担任班主任、中层干部、业务副校长，2011 年起，开始担任学校校长、党支部书记。尽管角色转变了，但我一直奋战在教学一线，由一名教学新兵成长为正高级教师、特级教师、全国优秀教师、全国中小学领航名校长。

立教以立学为先，作为一名教师，作为一名基层学校校长，要更好地开展教学与管理，学习提升是关键。在二十余年的工作中，笔者时刻不忘学习，专科、本科学历提升，不同岗位资格考试一样都没落下。回顾其中的在职学习经历，对我影响最大、系统性最强的是国培学习。

一、"全国小学骨干校长高级研修班"的故事

2017 年 5 月至 6 月，经四川省教育厅推荐，笔者有幸参加了教育部小学校长培训中心举办的"教育部第 86 期全国小学骨干校长高级研修班"国培学习。来自全国的 63 名校长，在教育部小学校长培训中心相聚。从理论学习到实践分享、从现场教学到展示交流、从自主学习到总结提升，每一项培训活动，都带给我深深的思考和启发。

（一）专家引领，业务素质稳步提升

理论学习培训活动，组织者为全体校长学员准备了大量的专家讲座。这些

专家富于思考、精于实践，讲座既有鲜明的案例，又有理论的阐述；既有观点的交锋，又有智慧的碰撞。专题讲座涉及教育基本理论及教育形势与政策，学校发展规划与学校管理，课程、课堂教学与评价，教师学生发展与学校德育等内容。每一位专家都紧扣教学实际，让我开阔了眼界，拓宽了思维。

（二）现场教学，实践经验不断丰富

理论决定高度，实践决定宽度。在本次培训活动中，全体校长学员先后到北京师范大学形象陈列馆、国家博物馆、国家图书馆、海淀区安全馆等重要教育场所，北京市海淀区中关村第三小学、北京市第二实验小学、北京市朝阳师范学校附属小学、北京市丰台区第一小学等知名学校参观学习。这些场所与学校的教育设施、教学管理、校园文化建设、阳光大课间、特色课堂、校本研修、学生社团活动等都给我留下了深刻的印象，值得学习借鉴。

（三）交流研修，知识视野更加开阔

在实践分享的培训活动中，全体校长学员进行了二十余次专题研讨、交流分享、体验课程等培训活动，内容主要包括自我介绍与学校介绍、课程整合、学校文化品格培育、学校特色发展引领、校长领导力、课前精彩三分钟、教育案例分享等。大家克服工作的繁忙，抽出时间认真思考，夯实知识底蕴。理论与实践的进一步结合，让我们受益匪浅，也真切地感受到学无涯，思无涯，其乐也无涯的学习乐趣。

（四）案例分析，理性思辨走向务实

进学致和，行方思远。我们经过理论学习、实践分享、现场教学三个阶段的扎实跟进，第四阶段开始围绕各自选定的专题，进行教育管理案例的写作分析。笔者从学校已有的特色项目出发，对学校的特色建设进行了深入理性的思考，为学校特色建设提出了新的举措和新的方法。

二、"全国中小学名校长领航班"的故事

为贯彻落实教育部等五部门印发的《教师教育振兴行动计划（2018—2022年）》有关工作部署，根据《教育部教师工作司关于组织实施"国培计划"——中小学名师名校长领航工程的通知》要求，2018年4月，全国中小学校（幼儿园）113位校（园）长被推荐为"国培计划"中小学名校长领航班学员。笔者幸

运入选教育部"国培计划"中小学名校长领航班学员，参与国培学习。

（一）学院大课堂，指引高位求进

2018年5月7日至11日，教育部国培办在外研社国际会议中心举行了"国培计划"中小学名师名校长领航工程培训班开班仪式，启动名师名校长领航班的国培学习。全国师德标兵、北京师范大学资深教授林崇德，北京师范大学王文静教授等十余位专家为全体学员授课。在教育部教师工作司指导下，领航班全体学员向全国中小学幼儿园教师发出了"争做'四有'好教师，当好学生引路人"的倡议，号召全国广大教师要立志做新时代"四有"好教师，传承师道，立德树人，以实际行动为教育事业奉献终身！

2019年5月6日至10日，教育部"国培计划"中小学名校长领航工程名校长领航班在国家教育行政学院开展第二次集中研修。天津市教育科学研究院副院长李剑萍教授，教育部国培办主任郭垒教授、副主任于维涛教授，江苏教育行政干部培训中心严华银教授等近十名专家学者为全体学员授课。

2020年，因疫情的影响，教育部"国培计划"中小学名校长领航工程名校长领航班未能进行集中统一学习，全体校长学员按国培办的要求开展了线上讲座与线下自主学习。这一年里，我认真学习了陶行知、蔡元培、晏阳初、陈鹤琴等中国教育家的办学思想，借鉴他们良好的教育理念指导自己的办学实践。一年一度的学院大课堂集中研修活动，指导领航班全体校长学员高位求进，在前行的道路上不迷失方向。

（二）基地小课堂，帮助有难可解

按照教育部的工作安排，教育部国培办确定了包括北京师范大学、北京教育学院等十三所院校（机构）为"国培计划"中小学名校长领航班培养基地。针对六个校长学员的实际情况，给我们单独制订了培养计划，并配备了理论与实践"双导师"。除了学院的专家学者给我们授课，指导我们开展课题研究，进行系统读书学习等任务外，学院还邀请了国内外名家、基地领航校长给我们做指导。北京教育学院培养基地还联合其他基地学员共同开展活动，相互交流，共同提高。组织基地学员参观实践导师学校、学员之间的学校，进行深度跟岗学习，足迹遍布北京、天津、上海、河北、江苏、广东、福建、四川、吉林等地的中小学名校。

校长工作室是领航名校长发挥示范、辐射、引领作用的基地，2019年3月20日，李维兵校长工作室在泸州市江阳区正式挂牌。北京教育学院培养基地负责人胡淑云教授带领九名教育专家莅临指导，四川省教育科学研究院院长刘涛，泸州市、江阳区相关领导出席活动。北京教育学院培养基地六名校长领航班学员，我的校长工作室近二十所成员学校，泸州市、江阳区各中小学校长共计三百余人参加活动。北京教育学院培养基地、四川省教育科学研究院专家为与会人员做了四场专题报告，到学校指导课题研究，开展入校诊断指导，为泸师附小进一步提升办学品质指明了前进的方向。

（三）支教大凉山，倾情教育帮扶

教育部教师工作司于 2019 年启动实施了凉山州教育帮扶行动。作为四川一名基础教育人，更当义不容辞做好这项帮扶工作。校长工作室派出成员学校校长、教师到凉山州开展骨干校长、名优教师专题讲座，培训凉山基础教育精英队伍。在北京教育学院培养基地的领导下，泸师附小连续派出周小平、谢宗海等三批优秀教师到对口的凉山州会东县蹲点支教，凉山支教教师团队获评2020 年教育部、中宣部"最美教师团队"。学校还派出管理队伍、班主任队伍、学科教师队伍近三十人到凉山州会东县、盐源县开展专题讲座及课堂教学指导。多次邀请对口支教学校的领导、教师一百余人到泸州相关学校及泸师附小交流学习，帮助支教学校提高教育教学质量。

三、"教育部领航名校长英国考察团"的故事

2019 年 9 月 15 日至 29 日，教育部"国培计划"中小学名校长领航班海外培训项目（校长团）一行 16 人，赴英国开展了为期 15 天的考察学习，我有幸作为校长团成员，参与了此次考察学习活动。

在英国学习期间，校长团成员拜访了伦敦和曼彻斯特两个城市的 Poverest 小学、Gatley 小学等五所公办学校，双方就"如何建立家校社区合作关系、学生学习习惯及创新能力培养、学校教学研究模式、学生社团建设"等共同关心的问题，进行了真诚的研讨交流。

校长团还聆听了相关教育机构领导、专家、教授的专题讲座报告，内容涉及英国小学教育政策、发展趋势及教育实践、英国基础教育理论和体系、英国小学考试评估制度、青少年心理健康教育、教学设备创新研发促进教师教学研究和专业发展等主题。

在考察学习中，校长团成员对全球化教育的理解、教育共建共享、学校自然生态环境建设、基础教育小规模小班化教学、课程开发与课堂教学等

都感受颇深。

(一) 全球化教育合作共赢

教育在各国社会事业中具有突出的战略地位。在英考察期间，我们聆听了英国教育官员、教育机构负责人及中小学校长提出的教育合作、共同发展的报告。比如，2017 年 10 月至 2018 年 9 月，全球各国到英国的留学生人数约为 21.7 万人，其中非欧盟留学生大约有 16.8 万人，中国留学生接近 10 万人，世界各国到英国留学的人数与日俱增。

同样，英国也在向世界其他国家学习先进的教育教学经验，如借鉴新加坡、上海等地基础教育好的做法，推进英国基础教育更好发展。

在中英教育交流方面，英国已将汉语纳入国民教育体系，早在 2016 年，英国教育部出资推出了"中文培优项目"，到 2020 年要培养 5000 个汉语水平达到流利的学生。2018—2019 学年，英国约有 60 所参与中文培优项目的学校，这些学校能让更多的学生接受系统、优质的中文教育。

(二) 教育为本共建共享

教育是一个国家持续发展的重要推手，世界大多数国家都愿意在教育上投入更多的经费，提供更多的支持。给我们考察团讲座交流的英国教育行政官员介绍说，英国的教育经费主要来源于财政拨款、公益机构（公司）资助、社会捐赠等，其中财政拨款是主要来源。英国办学条件与办学水平较差的学校，还可以向政府提出申请，给予单独的专项经费支持。[①]

给我们做报告的英国校长介绍，英国国民大多对教育有充分认识。英国是高税收国家，许多大的社会机构、公司会针对学校开展形式多样的扶助活动，为学校捐款捐物，提供多方面的支持。一些私人企业主等也以热心资助教育为荣。社区居民对本辖区的学校也很热心，会组建不同形式的志愿者组织，为学校提供安保、维修、课业辅导、兴趣特长培养等免费服务。

(三) 尊重教育规律回归教育生态

在参观英国小学时我们发现，英国公立基础教育学校基本不建高楼大厦，而是让学校的一房一屋、一草一地、一树一花等与周围环境自然相融，大多数

---

① 于杨文：《各个国家愿意为教育花多少钱？挪威、新西兰、英国经费排前三》，2019－03－17 [2021－11－12]. http://k. sina. com. cn/article _ 2255302917 _ 866d310500100lxgy. html.

学校有自己的绿地、花圃、果园、森林、农场、种植园等。学生学习的教室、功能室等也按家的概念精心设计布置，所有的学校空间都给学生以家庭的温馨、社会的和谐。在这样的环境中，师生之间可以在课堂里席地而坐进行学习，学生之间可以在课间无拘无束地交流，自由活动时间，大家可以手牵手在绿地上散步，在花圃里赏景，在森林里听鸟语，在雨天里踩水，在晴天里避阳。

美好的教育，就在日常的生活之中，就在平和的交流之中。校园生态的环境、自然的社区、生活的写真，铸就了这种美好的教育。

（四）基础教育小规模小班化

小规模学校和小班化教学是英国基础教育的基本状态。在我们考察团参观的几所学校中，我们发现英国学校占地面积大多较小，办学规模基本在 200 人以内，400 人左右即为规模较大的学校，公立学校每班 20 人至 30 人，私立学校每班 15 人左右。

陪同参观的英国小学校长说，英国实行校董事会领导下的校长负责制。由教育行政官员、社区有影响力的居民、家长、校长等各方代表组成的校董事会是学校决策机构，校长执行校董事会决议，并主持学校日常行政管理事务，向校董事会负责。英国的小学一般设校长 1 名，副校长或校长助理 1 名。中小学校长、副校长均为教师身份，要承担一定的教学任务。英国小学的校长们还讲道，英国学校有一个类似于中国的校长办公室的机构——接待室，根据学校规模设 3 名至 5 名专职人员，负责学校的日常管理。除此之外，各学校还设 1 名高级教师和教育活动协调人，协助校长管理日常教学工作和其他事务，由德高望重、经验丰富的任课教师兼任，类似于中国的顾问一职。

（五）课程开发与课堂教学灵活

英国教育、儿童服务技能标准总局官员在现场报告中介绍，英国小学有统一的课程标准，但没有统一的教材，学校对课程的开发自由灵活，教师每次课前分发给学生学习资料，每个孩子将其张贴累积成一本，就是学生的教材。英语、数学、科学和信息与通信技术是各小学的核心课程。在参观学习中我们发现，英国小学实行教师包班教学，原则上一个班的英语、数学、科学、美术、历史、地理等课程都由一个教师教学，这个班的名字就由这个教师名字命名，每个班都配有一两个助教。信息与通信技术、体育、音乐和外语等基本上采用购买服务的方式，由专职教师在多所学校来回教学。每班教师全面全员管理学生，既包干也协作，对学困生除了有个别辅导外，也有相同或相近的班级组织

起来的集体辅导。对生活不能自理、有各种学习障碍的学生，英国也建有特殊教育学校。

在为期半个月的相互学习交流中，大家努力克服语言的交流障碍，都以对教育的真诚理解，来认识和看待双方一些共性和个性问题，感悟教育大同、世界一家、共研共享、共促共长的全球教育共同体愿景。

我国70余年的教育发展波澜壮阔，一代又一代教育工作者努力工作，交出了一份无愧于国家、无愧于人民、无愧于时代的教育答卷。考察学习归来，我们对我国的教育工作更加热爱，更加充满了自信。我们将不忘初心、牢记使命，为党育人，为国育才，为新中国的教育事业继续奋斗。

学而不思则罔，思而不学则殆。每一次培训都是一次次理念更新、技能提升的历程；每一次培训都是一次次自我蜕变、破茧成蝶的历程。希望我能更好地为基础教育做出新的成绩！

做个学习型教师

四川省泸州市是全国文明城市，在创建全国文明城市的工作中，每年推行形式多样的全民阅读活动，并且一直坚持至今。

泸州市以"建设学习型城市"作为城市的主要思想政治工作来抓，初步形成了学习型机关、系统、企业、社区、村镇、家庭等六类学习型组织。从创建文明城市来说，一个城市有没有持久的学习力，有没有很好的学习氛围，有没有共同的学习目标，是一个很重要的标尺。泸州为推进全民阅读，每年举办"学习节"系列活动，希望全市人民都能以"学习节"为起点，进一步营造学习型社会与学习型城市。一个城市，为学习设立一个专门的节日，可喜可贺。

泸师附小是全国文明校园，在创建全国文明校园的过程中，也积极推进师生共读、家校共读，建设书香校园。

自 20 世纪以来，现代科学技术日新月异，迅猛发展，全球出现"知识爆炸""信息爆炸"等情况，人类拥有的知识量激增，科学知识的物化过程缩短。新知识的不断涌现，导致原有知识的陈旧及更新周期缩短。知识过时是不容忽视的事实，我们必须不断地主动学习、更新知识，才能适应社会的变化和工作的需要，我们的学习绝不能停止在前半生，学习将成为每个人终身的需要。

在我国，终身教育、终身学习的思想源远流长。两千五百多年前，我国伟大的教育家、思想家孔子提出："吾十有五而志于学，三十而立，四十而不惑，五十而知天命，六十而耳顺，七十而从心所欲，不逾矩。"[①] 开终身教育思想之先河。同时他认为人非生而知之，因而要终身不断地努力学习。中国有两句世代相传的格言：活到老，学到老。吾生有涯，学也无涯。这都是终身学习思想的有力表现。近代中国教育家陶行知，也是一位终身教育的开拓者与倡导者。生活教育是陶行知教育思想的核心，他提出要把教育的周期同生命的周期联系起来，把教育寿命延展到和个人寿命一样长，终身都要不断接受教育。

---

① 孔丘：《论语》，吴兆基编译，三秦出版社，2008 年，第 7~8 页。

国际 21 世纪教育委员会向联合国教科文组织提交的报告《教育——财富蕴藏其中》也提出了"终身教育"的思想，报告强调要"把终身教育放在社会的中心位置上"①。学会认知、学会做事、学会生活、学会生存是教育的四个支柱。未来的文盲不再是不会识字的人，而是不懂得该怎样去学习的人，在传授人类积累的知识方面及在开发人类创造力方面，教师始终是主要责任者，始终起主导作用。

新的时代，教师的学习不再是孤立的活动。教师的学习与工作相互融合，学校是教师的学习场所，学生、同事是教师一起学习的亲密朋友。独学而无友，则孤陋而寡闻，我们更要强调教师的合作学习。每一个教师都要学会超越自我，学会相互学习、合作学习，建设书香型校园、学习型团队。

"问渠哪得清如许，为有源头活水来。"做学习型教师，才能不断更新教育理念，与时俱进，开拓创新，才能紧握成功的钥匙，不断充实自己，不断超越自我。让我们争做学习型教师，建设学习型队伍，提升教师群体的生命质量。

---

① 《教育——财富蕴藏其中：国际 21 世纪教育委员会报告》，联合国教科文组织总部中文科译，教育科学出版社，1996 年，第 8 页。

高扬诚信的名片

每一个人必须言而有信，把"诚实守信"看作做人之本。这是公民的基本素质、基本准则、基本道德。"诚实守信"是中华民族的优良传统，是做人之本，立德之源。

如何对孩子进行"诚实守信"教育？实践经验告诉我们，通过空洞说教对孩子进行"诚实守信"教育，显得苍白无力，犹如流水中的浮萍，随波逐流。要真正把"诚实守信"教育深入学生内心，教师必须找到恰当的切入点、找到合适的契合面，通过丰富多彩的主题活动，把诚信做人做事的道德要求及道德认识内化为学生的心理品质，外化为学生的行为习惯，才能够取得实效。

让学生在学校、家庭、社会生活中学习、践行"诚实守信"，是教师肩负的义不容辞的责任。

一是与行为规范养成相结合。"诚实守信、诚信做人"启蒙教育是青少年养成教育的重要组成部分。缺少了良好的行为习惯培养，任何教育内容都是空中楼阁。学校要注重将"诚实守信"教育与行为规范教育有机结合、相互渗透。学校开展的"诚实守信、诚信做人"系列主题教育活动，坚持次次有主题、月月有活动，按低、中、高年段制定不同的活动目标和活动方案，提出具体要求，联系实际开展活动。要让学生明确什么事可以做，什么事不可以做，为什么要这样做及如何去做，要言而守信。

二是在学科教育教学中渗透。学校结合各科教学特点，有意识地在课堂教学与课外活动中，渗透"诚实守信"教育内容。学校充分运用教材，深度挖掘文本中可融入的教育资源，如运用美术课上的漫画创作、语文课上的诚信形象等，在学科教育中渗透"诚实守信"教育思想，让学生在故事与活动中感受"言必信、行必果""以诚为本、以信为天"的道理。

三是加强诚信教育阵地建设。丰富多彩的班队活动、黑板报、宣传栏、校园网站、学校微信公众号、学校电视广播系统等，都是开展诚信教育的有效阵地。利用诚信教育阵地开展教育活动，要力求充分整合教育教学资源，把诚信

教育和日常教育管理有机结合，在主题化的德育活动中实现"双赢"。

四是举办诚信专题系列活动。学校根据青少年的年龄特点，精心挑选一些古今中外以"诚实守信"为主旨的绘本故事、图书漫画、格言警句等，让学生学习、讨论、交流，组织他们撰写读书随笔，开展演讲比赛、征文比赛等，以内容丰富、形式新颖的教育活动，让青少年在实践活动中感知、体验、思考，在广大青少年的心里，种下"诚实守信，诚信做人"的种子，让"诚实守信"的信念内化为他们的行动准则。

五是身正为师行为示范。作为教育工作者，身教重于言传。在学生面前，若教师有时犯错，亦要及时纠正，要勇于在大家面前承认错误。

开展诚信教育，是对中华优秀传统文化的继承与发扬。校园需要倡导师生坚守诚信，让我们一起努力，加强"诚实守信"教育，高扬诚信的名片。

让爱与教育同行

在教育的百花园中，有这样一则小故事。一位小学教师上课时正在向学生提问，发现班里一个平时学习困难的学生，也跟其他学生一样举起了手。这位教师很高兴，于是让他回答问题，但当他站起来回答问题时，却一个字也答不上来。下课后，教师把这个学生叫到办公室，问他为什么不知道答案也举起手来，他哽咽着说："老师，好多同学都举手了，如果我不举手，别人会笑话我。"教师十分感慨，于是和这个学生约定，下次提问如果会答就举右手，不会答就举左手。从这以后，这位教师每当看到这个学生举右手，都给他机会让他回答问题，举左手时从不让他站起来。过了一段时间后，这个在班里学习困难的学生变得开朗了，学习成绩也有了很大进步。教师还悄悄告诉班里其他几个学习不太好的学生：会回答时就举右手。结果，他发现整个班都变了，学生变得越来越自信，越来越成功。有播种必有收获，这个班级出现了可喜变化，自然是这位教师充满爱的耕耘的结果。

爱是阳光，能融化冰雪；爱是春雨，能滋生万物；爱是桥梁，能沟通心灵。爱是教育的永恒话题，爱是人类最基本的情感。爱是诗一样的语言，教育是诗一样的事业，教育需要爱，爱需要教育，爱是教育的灵魂和生命，教育的最佳境界是充满爱的教育。

陶行知先生以睿智的目光、博大的胸怀，倡导并实践了爱的教育。他提出"没有爱，就没有教育"，真教育是心心相印的活动。爱就像空气，充满我们的内心，充满我们的校园。面对灿烂如花的稚嫩生命，对学生没有爱的教师不是称职的教师。对学生充满爱，就是对自己充满爱，也是对教育事业充满爱，更是对祖国和人民充满爱。

爱是没有尽头的旅行，在教育的征途上且行且思，就会很轻松，每天也会有应对新生事物的感悟，让自己充实起来。于是，你就会继续走下去，投入你的全部热情，这时，这种情怀已升华为一种爱，一种对生活、对教育无私的爱。

教师作为师生关系的主导者，需要"有意"去发现、寻找、创设情境，运用超乎血缘的爱、富有理性的爱，去感染和走进学生心灵。爱给人力量、给人温馨，也给人美丽心灵。作为教育工作者，如果我们通过师生的教育教学活动，让学生心中感受到爱，教育的很多问题都能在爱的暖流里轻松溶解。

努力让教育变为多彩灿烂的"爱"的教育，努力让教育在"爱"中前行，使学生在收获知识、提高能力的同时收获满满的"爱"，健康快乐地成长。

亲爱的老师们，用心去爱每一位学生吧！让爱与教育同行，让我们对学生充满尊重、宽容与鼓励。当"爱"的教育成为一种习惯、一种境界，师生都能共同享受教育的快乐、享受生活的美好、享受生命的活力、享受人生的幸福。

多给学生解释的机会

尊重学生，多给学生解释的机会，这是一种美好的教育。学校与家庭，要努力营造学校教育和家庭教育和谐、平等的良好氛围。

教师有人类灵魂工程师的美称。教师的天职是教书育人，与教给学生知识与技能相比，培育学生美好的心灵更为重要。因此，教师应尊重与理解学生。

每个人都有说话的权利，但这并不意味着每个人都能随时得到这种权利。在平时的教学过程中，当学生无意中犯了错时，一些教师的第一反应是严厉批评或指责他们。学生的解释和辩解常常被这样打断："你不要辩解了，我不想听你的任何解释！""你一直喜欢撒谎，现在又开始说谎了。"

威胁和打骂学生是教师与家长无效教育学生的表现。事实上，当学生听到这些话时会产生一种委屈情绪，而受委屈的人则很少会反省自己的过错。

因此，建议在学生犯错时，如果学生要解释自己的行为，教师应该认真听完，再对学生适时进行教育，这样可以更好地做到有的放矢，学生也更容易接受。给学生解释的机会看起来是很小的问题，但当学生一旦明白无论何时教师都会尊重别人说话的权利，学生也会这样对待他人、尊重他人，给他人解释的机会。

教育是心与心的交融，没有教师的真情投入，便没有学生的真情回报。教师良好的一言一行，学生都会给予丰厚回报。真诚地关爱每一个学生，是教师走进学生心灵的法宝。教师微笑的神情是温暖的阳光，也是和煦的春风，可以让学生紧张的心情得到缓解，让学生感到教师的亲切可爱，师生之间的距离自然拉近了。

著名语文教育家于漪老师上课时，始终保持着微笑。即便学生回答错了，或者学生出点小差错，于漪老师总是笑着面对学生。在教育学生的过程中，教师应该提醒自己，慎言慎行，无论自己有多大的委屈，生活中有多少不如意，都不要把学生作为自己情绪宣泄的对象。

在教育过程中，教师要时时处处多给学生解释的机会，多给学生一点"阳光"，多给学生一些赞赏，让学生都能阳光健康地成长。

家长会，想说爱你不容易

家长会是学校教育与家庭教育有效沟通的一种良好方式，是学校教育管理工作的重要组成部分。成功的家长会，有助于在家庭教育与学校教育之间建立"理解、信任、共进"的合作关系。

一些家长表示，自己现在不是很喜欢开家长会，觉得家长会的模式总是一成不变的。可是教师也说，开家长会真的很累！一些家长不喜欢开家长会，理由也充分；召开家长会，教师比教学要花费更多的精力，也是实情。

如何使家长会以崭新的面目出现在我们面前，成为架在教师、家长、学生三者之间的一座连心桥，架起彼此间的信任，营造一种民主、平等、和谐的教育氛围？新的时代，认真组织开好家长会，是教师必须努力备好的一节课。

（一）郑重向家长发出邀请

班主任教师一般要在会前一周真诚地给全班家长发出邀请，请他们一起参与、讨论孩子的教育问题。在自媒体时代，有的教师制作的家长会电子邀请函别出心裁，让人耳目一新。邀请函包括家长会的时间、地点、要求和对学校及班级工作的意见、建议等，并附家长回执，写上家长、学生的姓名以及他们能否参加的回复。回执在家长会前一两天收集整理，使教师、家长都做好充分准备。

（二）会前做好精心准备

教师在家长会召开之前，要做好充分的准备。一是会议内容。教师在家长会上，要向家长全面汇报班级的教育教学工作，如学校的教育教学理念，在教育教学过程中班级采取了哪些措施，组织了哪些活动，收到了什么成效，学生在各项活动中有哪些突出表现，本班现阶段发展的优势与挑战，下一步的目标及措施等。这样家长对子女所在学校，班级的教育环境、孩子的学习状况等有清楚的了解，能更好地为孩子成长一起努力，献计献策。二是教师形象。召开

家长会时，教师的着装要得体大方，语言要亲切、有趣，思路要清晰、有活力，让家长产生信任感。

（三）营造宽松参会环境

家长会一般会先在学校大礼堂举行，学校主要领导向家长做学校教育教学工作整体汇报，然后分散在各班教室举行第二阶段的班级会议，良好的礼堂、教室环境，能创造积极的会议氛围。教师在会前要适当更新黑板报或公告栏等内容，在黑板上写上温馨欢迎语，让学生引领家长坐在自己课桌旁，在教室周围展示全班学生的优秀学习成果，有条件的学校还可以在教室后面多准备一些椅子，以备学生父母都来参加家长会。

（四）宣传教育思想观念

在家长会上，教师要向家长大力宣传教育新思想、新观念，引导家长了解当前教改趋势、学校办学方针及有关规章制度，以便家长更好地配合学校、配合教师搞好教育。更重要的是让他们理解每个孩子，打破对学生兴趣、知识、能力差异先天化、固定化的传统看法，帮助他们树立人人只要努力，都能获得较好发展的信心。让家长（特别是学困生家长）对孩子的发展树立信心，尽其心尽其力，相信孩子也会因家长与教师的激励，产生自信心，在学习中迸发出积极的力量。

（五）提升家长家教水平

孩子的教育需要家长的支持与配合，家长来自各行各业，学习能力有差异，有的家长对教育孩子没有好的方式方法，不知道如何着手。对待孩子，个别家长要么粗暴蛮横，要么一味溺爱，往往与学校教育背道而驰，使教育呈现"五加二等于零"现象，使学校教师教育效果减弱。所以，家长会上教师有必要帮助家长端正教育思想，引导家长正确开展家庭教育，指引家长提升家教水平。

（六）重视会后反馈总结

有的家长在会后可能要主动留下来，与教师交流孩子的学习情况。教师对这部分家长提出的问题要及时处理，对家长做好相应的解释、补充、建议。家长会不能开完就了事，教师会后一定要仔细整理相关会议内容，总结本次家长会的成功经验，以及有什么值得下次改进的地方，使家长会达到的某些良好效果不至于昙花一现。

　　教育家苏霍姆林斯基曾说："家庭要有高度的教育学素养，这是在实现人的全面发展的思想方面，现实生活所提出的又一个重要问题。教育的完善，它的社会性的深化，并不意味着家庭作用的削弱，而是意味着家庭作用的加强。只有在这样的条件下才能实现和谐的全面的发展，就是两个'教育者'——学校和家庭，不仅要一致行动，要向儿童提出同样的要求，而且要志同道合，抱着一致的信念，始终从同样的原则出发，无论在教育的目的上、过程上还是手段上，都不要发生分歧。"① 学校教育必须要有家庭教育的配合，家庭教育既是学校教育的基础，又是学校教育的延续与升华，而学校教育是家庭教育的指导与深入。我们要在家庭与学校之间架起一座金色的桥梁，使学校教育与家庭教育有机融合，家长会无疑就是联结家庭教育与学校教育的那座金色桥梁。

　　成功的家长会，是家庭教育与学校教育的一次成功对接，是交流会，是展示会，更是提高会，让学生、家长、教师都有所获、有所悟、有所行，达到在思想上触动、情绪上感动、措施上推动，才能更好地达成家庭教育与学校教育的教育联盟，引导家庭与学校牵手，共创孩子的美好未来。

---

① B. A. 苏霍姆林斯基：《给教师的建议》，杜殿坤编译，教育科学出版社，1984 年，第 396～397 页。

青少年睡眠问题的成因及对策

2021年1月，教育部相继出台相关文件，加强中小学生"五项管理"① 工作，并于近日开始在全国范围内组织开展实地督导，整治当前中小学办学行为中存在的突出问题，落实立德树人的根本任务，促进中小学生的身心健康和全面发展。

关于睡眠问题，现实生活中，患有失眠或睡眠不足的人越来越多，尤其是中小学生群体睡眠不足的问题更是越来越严重。世界卫生组织调查，27%的人有睡眠问题；中国睡眠研究会等机构发布的《2021年运动与睡眠白皮书》显示，当下中国有超3亿人存在睡眠障碍。除了成年人，青少年群体的"缺觉"问题也越来越明显，中国科学院心理研究所调查并编写的《中国国民心理健康发展报告（2019—2020）》指出有95.5%的小学生、90.8%的初中生和84.1%的高中生睡眠时长未达标。

医学研究表明，偶尔睡眠不足会造成疲倦和动作不协调，长期睡眠不足则会造成注意力不能集中、记忆出现障碍和工作学习力不从心等情况。睡眠不足不仅会影响人的情绪，甚至还会影响人的免疫系统，更重要的是，长期睡眠不足往往是身体潜在某种疾病的外在表现形式之一。青少年睡眠不足，主要有以下一些原因。

（1）学生不良习惯的影响。

教育家叶圣陶曾说，教育是什么，教育就是要养成良好的习惯！叶先生曾著有《习惯成自然》《两种习惯养成不得》等文章强调培养学生良好生活习惯的重要性。青少年时期比成绩更重要的是让他们养成好习惯。在学校，我们经常看到很多优秀的学生，他们有着很好的习惯，比如学习主动、爱好阅读、认真钻研、喜欢运动等。而我们也经常看到这样的学生，办事拖拉、学习无趣、生活邋遢。长期养成的坏习惯使得他们连基本的学习任务都完不成，一拖再

---

① "五项管理"是指对手机、睡眠、读物、作业、体质的管理。

拖，严重影响了他们的学习与生活，也影响了他们的睡眠。所以，培养青少年学生良好的习惯，才是教育的重中之重。

（2）学校教学负担的重压。

当前，评价一所学校的好坏依旧过多地看重学校的教学成绩，尤其是在高考重压之下。一个孩子一生接受一次高考，一个家长一生承担两次高考，而一个高中校长每年都要承受一次高考。高考成绩怎么样，决定了一所高中学校在老百姓心中的分量。① 因此，一些学校与教师迫于压力，反复给学生加码，从高中影响到初中、到小学，甚至一些幼儿园也喊出，不让孩子输在起跑线上。面对学校教学成绩考核的负重，一些教师被迫挤占学生的休息时间，逼着学生学习，减少了学生正常的睡眠时间。

（3）父母教育方式的狭隘。

家长是孩子的第一任教师。父母对子女的教育，最容易走入"学习第一"与"放任自由"两个极端。第一类父母望子成龙、望女成凤的观念甚重，对孩子的教育只关注学习成绩的重要，其他一律为次，在学习上反复给孩子加重负担，要求孩子一天到晚学习，甚至一直陪着学习至深夜还不肯让他们睡觉，挤占了他们应有的睡眠时间。第二类家长认为儿孙自有儿孙福，对孩子疏于引导。平时家长也没能做好表率，当着孩子的面看电视、玩手机、上网，甚至一些不适合孩子参加的聚会也让孩子参与。周末及节假日，白天带着孩子游山玩水，晚上玩网络游戏等，得过且过，耽误了孩子正常的睡眠时间。

良好的学习源于优质的睡眠。青少年只有睡眠好，心情才会愉悦，学习才会更有精力，幸福感也才会更强。针对以上问题，我们可以从以下几方面着手努力改善学生睡眠不足的问题。

（1）重视体育对健康成长的作用。

加强体育运动不仅可以改善人们的生活方式，提高生活质量，还可以培养学生的健康行为，使学生坚定信念，养成良好的生活习惯，预防疾病。全社会应更加重视青少年的体育运动，让学生每天有时间参与体育运动，运动过后能更好地促进健康睡眠。每天锻炼一小时，健康工作五十年，幸福生活一辈子。这项工作不仅关乎青少年，甚至还关乎全社会每一个人。

（2）转变教育对内部评价的杠杆。

教育事业发展的根本问题是培养什么人，怎样培养人，为谁培养人。教育

---

① 《委员通道记者提问后，唐江澎幽默回应：问题难度系数很高》，2021-03-07［2021-11-12］. https://baijiahao.baidu.com/s?id=1693534264000521861&wfr=spider&for=pc.

评价事关教育发展方向，有什么样的评价指挥棒，就有什么样的办学导向。2020年印发的《中共中央　国务院深化新时代教育评价改革总体方案》强调，要扭转不科学的教育评价导向，坚决克服唯分数、唯升学、唯文凭、唯论文、唯帽子的顽瘴痼疾。同理，教育内部治理中也要转变对学校、对教师的单一评价为多元评价，才能让学校、教师在学习上不给学生过度加码，减轻学生过重学习负担，保障学生有良好的睡眠。

（3）教给父母教育子女的方法。

父母是孩子永远的教师，教育孩子永远是父母一生最重要且无可替代的事业。相对于学生，其实在教育问题上，父母更需要学习方法。现在的一部分家长，忙于工作，没功夫管孩子，把孩子托付给家里的老人甚至保姆，学习方面完全依赖学校，自己不学习教育子女的方法。如果孩子在成长过程中出现问题，这类家长只知一味谴责，不知道指导孩子，使孩子心生埋怨，进而养成不良习惯。其实在孩子成长过程中，更需要家长学会爱的方法、爱的技能与爱的艺术。

（4）转变社会对人才观念的认识。

全社会都要加强宣传引导，树立全面的教育观、人才观、成才观，弘扬劳动光荣、技能宝贵、创造伟大的时代风尚。改变社会一味追求高学历教育、轻视劳动技能教育的现象，让不同类型的学校百花齐放，支持不同特点的学生，选择最适合自己学习成长的道路。劳动光荣，不分贵贱，国家的富强，民族的复兴，不仅需要伟大的科学家，需要大国工匠，更需要大批的普通劳动者，需要各方面的人才。

只有全社会携手共同重视青少年睡眠不足的问题，让青少年拥有良好的睡眠，才能更好地促进青少年健康成长和全面发展。期待每一位学生都能拥有良好的睡眠，期待每一位学生都能学习得更好，成长得更好。

将"减负增效"进行到底

近年来，教育部多次下发有关中小学生减负工作的相关通知。2018年12月，《中小学生减负措施》要求各级教育行政部门和学校要认真贯彻落实文件精神，切实转变教育观念，树立实施素质教育的思想，切实减轻中小学生过重的课业负担。在教育飞速发展的今天，学生减负仍然是摆在我们面前的一个不容回避的沉重话题。

减负何以如此艰难？第一，中国家长望子成龙、望女成凤的传统思想根深蒂固，坚持"万般皆下品、唯有读书高"的片面观念。第二，教育内部传统的评价制度还没有从根本上得到转变。首先是社会对教育的评价标准单一，考评一个学校优劣与否的标准是升学率；其次是学校对教师的考核标准窄化，考核一个教师的优劣是其所教学生成绩的优劣；最后是社会对学生的评价标准简单，评价学生好坏的标准是成绩的高低。

凡事都有"度"，关于学生的课业负担，我们首先应该有一个"度"的把握。学习是有负担的，合适的负担有利于知识积累。当学习超出了不同年龄段学生的接受能力，超出了学生身体的承受能力，就是过重负担。减负并不是要把学生应知应会的学业负担中的必要部分减去，减负也不等于不要质量，"减负"的根本目的是"增效"，即少投入多产出。教学的良好状态是调动学生学习的积极性，培养学生兴趣，促进学生全面而有个性的发展，让学生愿学、乐学、主动学。

"减负增效"的主阵地在课堂。教师是课堂教学的组织者，因此，提高教师自身素质是"减负增效"的前提。"减负增效"对教师的教学提出了更高要求，要提高课堂40分钟的教学效率，要求教师必须在各方面不断学习充电、不断完善自己，不断提高自身素质和教学能力、提升自身人格魅力，把课堂变成学生的乐园。要做好课堂教学，提高教学质量，需要教师关注以下问题。

（1）思想开放，平衡得失。

教师要以"减负"为中心，摒弃陈旧的、落后的教育理念，师生共同建造"减负"与"增效"的桥梁。这些体现在教学中即是教学目的明确、教学思路开阔、教学方法新奇、教学重点突出。注重及时反馈和测试方式多样化，测试要符合学生的年龄特征和实际能力。课堂之余教师要多与学生沟通、博爱包容，教师要不以成绩分等级，做学生的好朋友。世界上没有两片完全相同的树叶，人的资质有高下、学问有深浅，不可一语概之。教育强调的是全面而非全能发展，教师应顺其自然、因人施教。教也，各成其材矣，而同归于善。

（2）精雕细琢，科学备课。

备课是提高课堂效率的先决条件。精心备课是"减负增效"的基础。教师要充分发挥好集体备课的优势，集体备课应多研究、多斟酌，多进行教学探索，把课备到完美。使教学目标和重、难点明确无误，教学策略和教学过程定位恰当，教学思路和教学逻辑清晰可见，使学生能在有限的 40 分钟内愉快主动地学会基础知识，掌握基本技能。因此，教师备课已升华为教师教育、教学、研究的一个重要内容，随着新课程改革的深入，许多有经验的教师对高效备课有很深的见解：一是要强化目标引导，二是要做到腹中有书，三是要预见学生活动，四是要明了教学方法，五是要关注教学手段，六是要分析热点问题，七是要挖掘文化内涵，八是要凝聚集体智慧，九是要开展课题研究，十是要写好教学反思。教师如能条分缕析、对照开展，一定能更好地提升自己的备课成效。

（3）因材施教，认真上课。

教师应上好每一堂课，这是"减负增效"的关键，备好课不等于能上好课。备课中的主角是教师，而师生双方都是上好课的主角。优秀的课堂应是师生互动、心灵对话的舞台，而不仅仅是优秀教师展示授课技巧的表演场所；优秀的课堂应是师生共同创造奇迹、唤醒各自沉睡潜能的时空，离开学生的主体活动，这个时空就会破碎；优秀的课堂应是能挺进未知方向的，随时都有可能发现意外的通道和美丽的图景，而不是一切都必须固定的；优秀的课堂应是向每一颗心灵都敞开温情的双手，没有人会被无情打击，更没有人会受到法庭式的审判；优秀的课堂应是点燃学生智慧的火把，而给予火把、火种的是一个个具有挑战性的问题，让学生走出教室的时候仍然面对问题、怀抱好奇；优秀的课堂应焕发出师生的生命活力，这样的课堂才是师生共同追求的课堂。

（4）作业适量，精而有效。

学生对新知识的巩固、新技能的提升都要通过作业达成。学生完成作业的有效性也是"减负增效"的重要环节，课后作业要内容适量、难易结合，避免简单重复抄写，杜绝题海战术。要求学生完成的作业，教师都要先做一遍，以控制作业难度。教师要及时批改作业，决不能拖拉，以便及时掌握学生学习进度，有针对性地进行评讲和纠正典型错误，对存在问题较多的学生及时进行个别辅导。

（5）加强师德，提高素质。

教书育人是教师的天职。师者，无才、无德、无信不立也！学高为师，身正为范。教师应慎独律己、言行一致、意志坚强、临危不乱、处事泰然，保持乐观态度。教师要不断累积教学经验，大胆实践创新，寻求突破、勇于攀登。业余时间，教师应广泛涉猎、博览全书，参加职后培训和进修考核。教师要具有良好的课程智慧、教学智慧、管理技巧、人格魅力，这是教师迈向"素质教育"的钥匙和通行证。只有这样，教师才无愧于"人民教师"的光荣称号，无愧于太阳底下最光辉的事业。

（6）强化宣传，寻求支持。

我们要一齐努力，转变家长、社会对人才观的片面认识，树立人人都能成才、国家需要各方面人才的观念。新闻媒体要加强对社会、家长关于"减负增效"的宣传力度，转变社会、家长对教育评价的简单化现象，在观念上引导、在行动中支持，积极配合学校"减负增效"。

学生在学校学习了一天已经很累了，在完成教师布置的适量作业后，家长应当适当让孩子有自由支配的时间，与孩子一起谈谈心、交流交流思想，认真倾听孩子的心声，千万不能不厌其烦地让孩子参加这样或那样的各种课后补习班、深化提高班，要确保孩子以积极的心态和饱满的精神投入第二天的学习中。

教育行政部门与教研部门，要努力完善现行的一些不切实际的评价机制、考核标准。逐步建立起对学校、教师、学生评价更完善的新机制，从思想上引导，在制度上保障，真正达到为学生"减负增效"的目的。

"减负增效"是社会，尤其是教育的一项系统工程。"减负增效"并非蜀道难登，需要社会、家长的理解、支持和配合，需要各级各部门协同推进、统一思想，更需要教育工作者付出艰辛的努力，才能更见成效。只有"减负增效"的观念更加深入人心，才能让"减负增效"真正实现，才能让教育事业蓬勃发展！

"云上"学习①

面对新型冠状病毒肺炎疫情的暴发，党和国家、各级教育行政部门高度重视大家的学习情况，要求各级各类学校借助现代信息技术与课程资源，"停课不停教　停课不停学"。这是我们全体师生共同面对的新教学方式，我们必须直面新的挑战，抗击疫情，共克时艰，共同努力，"云上"学习，完成党和国家给我们布置的各项任务。

一、做平凡的小英雄

新型冠状病毒肺炎疫情出现后，党和国家高度重视，全国人民勠力同心，共同谱写出一首首新时代的家国情怀交响曲。抗击疫情，党中央、国务院全面部署，全国各地迎难而进，党政军民齐上阵，社区农村一盘棋。

尤其是我们广大的医务工作者，舍小家顾大家，全力冲在抗疫前线，表现出的大无畏精神，感天动地。已过 80 岁高龄的钟南山，义无反顾地冲在疫情的第一线。武汉金银潭医院院长张定宇，面对疫情，在身患重疾与家人感染的情况下，冲锋在前，身先士卒，团结带领全院干部职工，夜以继日战斗在最前沿，始终坚守在急难险重的岗位上，以实际行动书写了对国家和人民的忠诚。

火神山、雷神山医院极速建成，接诊患者。"哥们儿，挺住，我把外公和妈妈都借给你了！"这是武汉 16 岁的中学生陈琪方写给患者的公开信。山东日照环卫老工人袁兆文爷爷，平时省吃俭用，为武汉疫情捐赠了 12000 元现金。他不仅清洁着我们的环境，还清洁了我们的心灵！在中国南航从海外返航广州的一个航班上，没有旅客，全是海外华侨华人无偿捐助的抗疫救援物资。

在这场没有硝烟保家卫国的全民战争中，每天都在发生着许多可歌可泣、

---

① 本文曾以《写给孩子的"云上学习"指导书》为名发表于《中国教师报》2020 年 2 月 26 日第 13 版，在此基础上有所增删。

爱国爱家爱人民的家国情怀故事，激励着我们前行。抗击疫情，我们都应该做平凡的英雄，英雄就在我们身边，我们始终相信，胜利一定属于伟大的中国人民。

二、做宅家的小书童

世上几百年旧家，无非积德；天下第一件好事，还是读书。书籍是人类进步的阶梯。在抗击疫情宅家期间，希望同学们广泛阅读课外书籍，通过电视、电脑、手机等关心国家大事，这是我们目前最主要的任务。

同学们，好好学习吧，每天不间断地学习，跟读书学习结下终生的友谊。当前，各个学校都根据实际情况，制定出了宅家"停课不停教　停课不停学"的实施方案，要求大家在家人的指导下，通过电脑、手机下载电子教材等相关学习资源，做好在家读书学习的准备。

希望大家遵守学校安排的作息时间，按照学校疫情期间的特殊课程表，登录相关网络平台，积极参与"云上"学习。教师会在线上进行教学，向大家提供辅导、答疑等教育教学服务，确保同学们在家里也能上好课，学得好。

三、做健康的小卫士

加强疫情学习宣传。通过微博、微信公众号、班级群等网络渠道，了解党和政府、学校发布的疫情期间学习、生活提示，宣传普及疫情防治知识和防控要求，与家人一起，做好居家防控，勤洗手，讲卫生，合理膳食，作息规律。

做好家庭健康监测。每天关注家庭成员的身体健康，是否有出现感冒、发烧、咳嗽等情况，发现异常及时报告。线上学习后，更要合理使用手机、电脑、游戏机等电子产品，注意劳逸结合。

坚持家庭体育锻炼。结合疫情防控期间活动范围有限的现状，选择合适的家庭活动方式（如跳绳、仰卧起坐等），坚持体育锻炼、增强身体素质。也可以和家人一起做做我们都喜欢的七彩阳光运动操，抬抬胳膊、伸伸腰，增强免疫力。

培养提升兴趣爱好。宅家线上学习后，同学们有更多的自由时间，有的同学喜欢美术，有的同学喜欢音乐，有的同学喜欢舞蹈等，和家人一起动起来吧，让自己离小小美术家、小小音乐家、小小舞蹈家的梦想更进一步。

四、做幸福的小天使

在平时父母长辈不舍得让我们做家务，让我们有更多的精力认真学习。疫情防控在家这段时间，好好进行劳动实践，掌握更多家庭生活基本技能，为家人尽点力，给家人更多的爱。

收拾好居家小环境。你的书桌是否干净？书柜是否凌乱不堪？衣服是否乱丢乱放？你换下来的内衣、内裤、小袜子、小围巾等，是不是自己洗的？自己的事情自己做，管理好个人卫生，保持房间干净整洁。

和家人一起做家务。积极为家人分担一些简单的家务劳动，比如擦家具、拖地面、摆饭洗碗、收叠衣服等；每天和家人一起共同做一做简单的饭菜，饭后倒垃圾，给家人削水果、泡茶等。这些小事，你肯定会认真完成好。

陪家人好好聊聊天。平时父母长辈各有各的工作，他们有多辛苦，你可能都不知道。你在一年年成长，父母对你有什么新的期望？你的理想是什么？有许多话题，一家人在一起好好聊一聊，更好地理解家人的付出。

亲爱的同学们，好多力所能及的事情你们都可以完成，你们的倾情参与，会让家的味道更浓更醇。

新型冠状病毒肺炎疫情防控期间，"停课不停教　停课不停学"线上学习是一个全新的方式。完成好延迟开学期间的学习，考验着我们每一位师生的智慧与力量。让我们在老师、家长帮助下，认真完成好"云上"学习的各项任务，与全国人民一起，众志成城，抗击疫情。

附录

和雅共育 自主成长^①

本报记者 鲁磊 通讯员 张瑞波

作为教育人，我们应当立好教育的德、干好育人的活、做好暖心的事、筑好教育的魂。构建"校以育人为基、生以成人为根、师以从教为乐、家以助教为荣"的良好教育生态。

——李维兵

小档案：李维兵，四川省泸州师范附属小学校长，正高级教师，四川省特级教师，教育部校长国培计划中小学名校长领航班成员。

"教育可以没有我，而我决不能没有教育。"泸师附小校长李维兵说。对于教师这个职业，他近乎"痴迷"。他曾有多次机会可以到条件更好的城市、待遇更优渥的岗位工作，"想来想去，还是觉得离不开学校，离不开老师和学生"。从"一支粉笔、三尺讲台"海人不倦的师者，到在教育的"星辰大海"中沉思的一校之长，他不断思考、感悟，不断探索、创新，提出"和雅教育"的办学理念和主张，把关注点投向学校中最重要的人——教师和学生，不仅让百年名校历久弥新，更让诗意充满校园。

铭记成长中"命定缘分"

20 世纪 90 年代初，那时的李维兵正上初中，每周一至周五在乡村中学住

---

① 本文选编自鲁磊、张瑞波：《四川省泸州师范附属小学校长李维兵——和雅共育，自主成长》，《中国教育报》，2020 年 9 月 30 日第 6 版。

校学习，周末赶回农村家里，帮助多病的父母干农活。

屋漏偏逢连夜雨，体弱多病的父亲病倒了。在经过反复的思想斗争之后，李维兵找到班主任朱老师，准备辍学。朱老师坚决不同意，并给予他多方面的帮助。

求学路上的点点滴滴，李维兵铭刻于心。出于对学校、老师、学生的感激与敬重，初中毕业之际，李维兵义无反顾地填报了师范学校。1994 年 9 月，十几岁的他从泸州师范学校毕业，作为优秀毕业生留在泸师附小。

青涩的他站上讲台，终于实现了教育梦想。李维兵说，那时心里铆足了劲儿，就是希望将自己曾得到的关心和呵护传递给自己的学生。

工作后，李维兵每年都会抽时间去看望教过他的朱老师，跟老师聊工作、聊生活，把朱老师当父亲一样看待，"也希望自己能做一名优秀教师，用知识帮助更多孩子改变命运"。

李维兵所在的泸师附小成立于 1902 年学校教育质量誉满川南，是川滇黔渝接合部一颗耀眼的"教育明珠"。

"百年名校泸师附小像一个巨人，我是站在它的肩膀上成长的。"李维兵说。学校里的学习研究氛围浓厚，在工作中，他向优秀的一线教师学习，向教育专家学习，向书本学习。短短几年时间，他的教学能力进步飞快，开始在各种教学技能竞赛中崭露头角。在 25 岁时，他便被破格晋升为当年泸州市最年轻的小学高级教师。

李维兵说，荣誉于他而言，与其说是一种肯定，不如说是一种鞭策，让他不管对自己还是对学校，时时处处都要求更优秀，更出色，"做到出类拔萃，成为一个群体、一个行业的标杆"。

破解名校的"高原现象"

2011 年，李维兵担任泸师附小校长。彼时，教育正面临着时代的追问：城镇化加速发展带来教育人口的空前流动，新技术、新理念对教育带来多方位冲击，公平与效率、质量与水平是每一个教育人亟待作答的时代命题。

泸州市提出，要建设川滇黔渝接合部教育培训中心和江阳区全域品质教育。作为一所百年名校，如何突破"高原现象"，让高原之上有"高峰"，让老百姓享受更优质的教育，是李维兵成为校长后面临的第一道难题。可学校要持续地高位发展，他面对着四大挑战：学校如何转型升级？如何传承优秀文化？怎样在信息化背景下提高教师水平？教育精神如何坚守？

"我们需要凝练出百年办学思想，提出办学主张，让改革找到落脚点。"李维兵说。通过梳理学校百年办学理念，他发现，学校首任学监教育家赵熙，在创办川南经纬学堂及学堂幼稚班（泸师附小前身）时曾说："为学要为上下古今之学，不能只求耳目尺寸。"

"着眼当下……我们提和谐教育的理念，以此让教育的节奏符合学生发展的节律，进而使教与学产生谐振效应，促进学生基本素质获得全面发展。"李维兵说，每一个学生都是一个鲜活的个体，都有一片独特的心灵世界，课堂教学不仅仅关注个体的生命，更应关注课堂上迸发出的生命的体验，使学生获得感动和收获。

串联过去与现在，"和雅"的概念慢慢浮现在李维兵的脑海中。"'和也者，天下之达道也'，将孩子置于天地之间，以天地万物为师，顺应社会发展创新，传于古而宣于今，方能成就人生智慧。'正而有美德者谓之雅'，培养博学多才、温文尔雅的'君子'，自古就是教育追求的目标。"

在李维兵的引领和推动下，"让和雅之花绽放校园"成了学校改革发展的主线和抓手。学校建立了"一个中心，四大愿景，七大平台，三十五个参照点"的特色学校立体建构模式。围绕"和雅共育，自主成长"，着力进行了校园环境创设、教师团队建设、学生自主成长、家长家教指导、班级特色建构、课堂教学改革、社团课程开发，用"和雅之魂凝聚教育合力，和雅之风彰显红色风范，和雅之德引领师生成长，和雅之行提升生命质量"。

"让学生多元发展、适性发展，不能以牺牲课堂教学质量为代价，学校要找到一种平衡，使学生在学好基础知识的同时，发展个性，增长才干，形成特长。"在学校教育教学管理改革中，泸师附小以"精、细、实、活"为导向，向课堂40分钟要质量，提高课堂教学的效率，减轻学生过重的课业负担。并通过特色社团、大课间、晨练、艺术节、主题朝会展示、学科知识竞赛、特长之星评选等活动，延展学生的整体发展空间。

改革过程中，李维兵也在不断地思考："什么样的教育才是对学生未来负责的真教育，什么样的管理才是更好的现代学校治理？"

在不断反思和求索中，他的内心愈发平静，开始在不为追求短期效益的思维下，潜心思考教育，静心治理学校，也从校长职业中找到了自己源源不断的幸福感。

引领同行走向"教育家办学"

"学高为师、身正为范是一门永远不会过时的课程。"在李维兵看来，教师永远是学校的第一资源，学校教育教学质量提升的关键在教师。

哪位教师教学有了长足的进步，个性在哪里？哪位教师在教学上遇到了什么困难，怎样去克服？在日常工作中，关于教师的问题，李维兵都努力做到了然于心。他常常和教师交流，与他们探讨教育规律，总结教学经验，改进教学方法，提高教学质量。

青年教师如何更好更快地成长，从而"挑起教学的大梁"，是不少学校在发展中面临的老大难问题。在泸师附小，李维兵做起了试验：创新"2+1"教师培养模式，让任课教师与班主任组成双导师，负责一名青年教师培养，让青年教师在专家引领、同伴互助、个体反思中实现专业发展。同时开展个体自主研修、教师团队研修、学校集中研修三个层次的教研活动，让教学研究在校园里蔚然成风。

李维兵特别重视学校集中研修，他说："学校集中研修，是教师个体研修和团队研修的风向标，可以为教师个体研修和团队研修导航。"每个假期，泸师附小都会开展假期教师培训，内容包括教学专题赛课、主题论坛等。

2018年，教育部启动"国培计划"——李维兵入选中小学名师名校长领航工程，开启了他校长生涯的新阶段。在领航工程培养基地，全国各地的名校长在一起交流探讨，让李维兵对校长这一岗位有了更深入的思索，也让他明确了进一步的发展目标，即"在教育与管理之路上立德、立功、立言，做一名教育家型校长"。

2019年3月20日，教育部校长"国培计划"卓越校长领航工程——李维兵校长工作室在泸州市江阳区挂牌成立。从此，李维兵为自己做好了明晰的规划：以校长工作室建设为依托，领航中青年校长快速成长，辐射和引领泸州乃至市外学校更好更快地发展，推进义务教育高质量发展。

从那以后，"跑"成了李维兵生活中的常态。他常常带着来自泸州、凉山等各地市州的16个学校校长团队，到各地支教，开展教学讲座、交流教育管理经验、指导一线教学。

"一所学校，如果不能让朝夕生活在其中的学生和教师感到幸福和快乐，无论学生成绩有多好，它都算不上一所理想的学校。"李维兵说，曾经他的梦想是成为一名优秀教师，现在他的梦想是，让越来越多的学校都拥有好老师、好校长，让越来越多的学生感受到学习的幸福和快乐。

参考文献

苏霍姆林斯基，1984. 给教师的建议：全一册［M］. 杜殿坤，编译，北京：教育科学出版社.

蔡汀，王义高，祖晶，2001. 苏霍姆林斯基选集：五卷本［M］. 北京：教育科学出版社.

方明，2005. 陶行知教育名篇［M］. 北京：教育科学出版社.

黄新古，2018. 新六艺教育［M］. 北京：北京教育出版社.

教育部师范教育司，2011. 杨一青与和谐教育［M］. 北京：北京师范大学出版社.

孔丘，2008. 论语［M］. 吴兆基，编译，西安：三秦出版社.

李维兵，2015. 和雅共育·自主成长：构建"和雅共育"校园文化实践探索［M］. 北京：中国文史出版社.

李维兵，朱发华，2021. 立教留痕［M］. 北京：团结出版社.

刘良华，2008. 刘良华教育讲演录［M］. 上海：华东师范大学出版社.

刘涛，2019. 走向高品质学校·理论探索篇：小学卷［M］. 成都：四川教育出版社.

刘涛，2019. 走向高品质学校·实践范例篇：小学卷［M］. 成都：四川教育出版社.

陶继新，2008. 做一个幸福的教师：陶继新教育讲演录［M］. 上海：华东师范大学出版社.

陶行知，2008. 陶行知文集［M］. 南京：江苏凤凰教育出版社.

王建强，2020. 融创课堂，创生教学新境界［M］. 重庆：重庆出版社.

熊剑，2012. 春华秋实一百载：泸州职业技术学院校史校情读本［M］. 重庆：重庆大学出版社.

严华银，2018. 中国教育领航：第一辑［M］. 北京：世界图书出版公司.

杨志成，2017. 教育走向未来［M］. 北京：北京教育出版社.

直抵内心深处的言说（代后记）

行走在教育路上的那位个子不高，面带微笑，性格内向，不善言辞，甚至有些木讷，但散发着生命活力的人，就是我。感谢那些默默无闻地为我的成长提供帮助的善良的人们，感谢那些在工作与生活中在我耳边叮咛的人们，感谢那些在课堂内外与我真诚牵手的同事与学生。我觉得大家都很珍惜我，我想让大家知道，在过去的这段岁月里，我的教育步伐更加稳健了。

机会可遇不可求！我永远都会记得命运给我的这次极大的机会。刚刚走出泸州师范学校的校园，我便进入泸师附小这样一所省市窗口学校。我不能没有理想，没有学习，没有创造，我期望用我的知识、智慧、情感和我一生的精力，为教育事业，为这所挚爱的学校、挚爱的学生留下些什么。但我常常感到我在时间的急流中是多么的渺小，四十余年的人生已悄然逝去，我不停地追问自己：我把握住时间了吗？把握住学习了吗？把握住工作了吗？我为教育、为学校、为学生做了些什么？

思考良久，在我所带的教育部中小学名校长领航工程校长工作室、四川省中小学名校长工作室三年期满之际，我应该为自己的教育之路，尤其是自己近三年的一些教育思考做一个小结，不辜负组织与各位领导、挚爱亲人、同事朋友的关心，指引我今后教育实践的方向。

我的成长，离不开给我温暖生活的家庭，离不开给我支持与机会的学校，离不开我敬重的领导与师长的关怀，离不开与我共同成长的同事、学生的陪伴，离不开太多善良朋友的帮助。知足常乐，事业与生活的满足，让我不断地理解教育、读懂人生。在成就学生、成就教育的同时也成就自己。

在课堂教学中成长

对教师而言，课堂教学是事业最基本的构成部分，课堂质量会直接影响教师对职业的感受、态度和专业水平的发展、生命价值的体现。课堂是我生活的一部分，也是我生命最重要的舞台，对学生负责，也对自己负责，上好每一堂课。

亲其师，信其道。我永远都忘不了，是我求学经历中的老师们，给予我的真诚关爱，他们在课堂教学中创造的快乐、平等、宽松的交往，使我终身受益。而今，我也开始面对一张张可爱的脸庞，一个个小生命更加富有主见，个性更加张扬。我怎样才能做到让他们喜欢，与他们达到那种在课堂教学中其乐融融的状态呢？

我在课堂教学中努力地做到民主与平等，营造一种宽松和谐的氛围，平等地与学生对话，努力创造我心中理想的课堂。在我的课堂教学中，我经常会发自内心地表扬与鼓励学生，蹲下身子、走下讲台与他们交流合作，摸摸学生的头，为他们竖起大拇指。课外，我也主动地走近他们，与他们交流谈心，给他们讲一些富有成长意义的小故事。通过努力，我牢牢地抓住了学生的心，我的课堂教学逐步取得了成功。

工作几年后，数学教研组让我代表泸师附小参加泸州市江阳区小学数学课堂竞赛。在那段时间里，学校数学教研组的老师们群策群力，认真组织试讲，为我提出中肯的建议，把他们的课堂教学经验毫无保留地传授给我。我不断调整教学案，反复地进行修改。我待在教室里，一遍遍地试讲，每一遍都有不同的感受，每一遍都有进步，每一遍都更趋向完善。我真正经历了一个不断思考、琢磨、推敲的过程。

通过大家共同努力，我获得了江阳区课堂教学竞赛一等奖，几年的课堂教学得到了学校及同行们的认同。这以后，各级教育行政部门及教研部门经常指派我参加各种支教献课及讲学活动，四川省教育厅组织的凉山州中小学骨干校长暨名优教师培养培训工程、泸州市组织的赴凉山支教优秀教师讲学团、泸州市小学数学教研活动、泸州市名师名校长暨骨干教师培训活动、泸州市送教下乡活动都留下了我的身影，我探索教育的脚步迈出了学校，走向了更大的舞台。

营造一个充满生命活力的课堂，课堂便自然会成为享受幸福的重要舞台，我以享受的态度对待我的课堂，和学生一起欢乐，少了许多的焦虑和烦恼，心灵充满着明媚的阳光，回响着和谐的音乐，体验着诗意的灵感。我以享受的眼光走进课堂，真心地热爱每一个孩子，把每一节课精彩地演绎，感觉自己的生命在闪光……

我想，我已经更好地融入了我热爱的学校、我亲爱的学生当中，我已经更好地融入了课堂，成为教育百花园中活跃的一员了。

在教育管理中成长

我未曾想到性格内向、不善言辞的我，在自己的教学工作得到同行、学生及家长的认同后，会慢慢地走上学校管理岗位。我庆幸遇到一个好领导，那就是泸师附小原校长唐莉。

唐莉校长担任学校领导却长期站在教学第一线，以精湛的教学艺术、高尚的人格魅力引领泸师附小师生群体为泸州小学教育事业做出了突出的贡献。她的思想与作风，不仅改变了我的课堂教学与管理方式，也使我更加坚定了我从事教育的决心。

进入泸师附小几年后，在学校中层干部民主选举中，我被推选为学校的中层干部。而后，我又被中共泸州市江阳区委、江阳区人民政府任命为学校业务副校长、校长、党支部书记。从一线教师到教育管理者，我毫无学校管理经验，是唐莉校长一步一步指引我，放手让我大胆地开展工作，出现失误时及时给我分析原因，提出改进措施；当我工作取得成效时，及时给予表扬。她还派我到江阳区中层干部培训班、泸州市中小学校长培训班、中共四川省委党校、国家教育行政学院、北京师范大学、北京大学等进行管理知识与技能的学习，在她的引领下，我实现了从一线骨干教师向学校教育管理者的蜕变。担任校长几年后，我又被遴选参加四川省中小学名校长、教育部中小学名校长领航工程学习，使我在教育管理之路上走进了更广阔的天地。

在教育飞速发展的今天，个人的发展必须要带动、引领全校教师发展，才能更好地推动教育事业发展。在各级领导的支持下，近年来，我结合学校实际，努力推进教学精细化管理，大力开展校本培训，促使教师努力研究教学工作，反思教学行为，探究和解决教学中遇到的问题，加强全校教师素质的提高。

一是学习引领，更新观念。问渠哪得清如许？为有源头活水来。我采取多种措施鼓励教师多读书，为大家订购学科杂志，在学习中提高专业素养。为青年教师提供有针对性的培训或指导，开展师徒结对、同年级互动研讨、科研专题例会、小课题研讨、校际教研，邀请教育专家、一线名师到校指导教学工作，派教师外出参观学习等富有教学实战的研修方式，这犹如挖掘了泉眼，使学校校本研修的溪水源源不断地滋润着教师心田。

二是反思引领，提升实力。对自己平常的教育教学行为进行反思，是一条促进教师自身专业成长的理想途径，可使教师从喧嚣和浮躁中解脱，获得心灵的宁静和充实。我通过召开教师谈心会，建立教师研习组等多种形式，要求教师通过自己不断反思，调整与矫正自己的教学行为，改善自己的教学方式。唯有在反思中、在总结中，教师的教学能力才能不断地提高。

三是专家引领，同伴互助。好风凭借力，送君上青云。有了专家的引领，教师才能不断走出思想上的认识误区，转变教育教学观念，拓展教育教学视野，在不断交流中获得专业发展，提升专业情意。校本教研强调自我反思的同时也要开放自我，倡导同伴间的交流与互动。同伴互助也是教师成长过程中不可或缺的一种方式，这种没有行政干预、依靠同伴之间的友情建立起来的学术沙龙组织，对教师的成长非常有益。

四是课题引领，科研强校。近年来，学校有计划、有步骤地开展了多项科研课题的行动研究。在学校工作中，教师边教学边搞课题研究，从自己的课堂教学所面临的突出问题中，提炼出一系列有价值的研究课题。教师积极参与教育科研，科研热情高，学校因势利导，充分肯定教师的工作，为教师提供更多理论学习、科研培训等机会，让教师以更大的热情投入教育科研工作中。

走向校本，也就走向了每一个教师生活的舞台，更大地激发教师的创造热情，可给教学工作注入生机与活力，有效地提高教学效率。泸师附小以校为本、以人为本、求真务实的教学精细化管理，取得了丰硕的成果，教师的课堂教学水平、教研能力不断进步，学校的教学质量不断提高。教师研究的多项科研课题获得省市区政府教学成果奖，教师的学术论文及指导的学生作品频频在各级刊物发表或获奖。

在同伴互助中成长

近年来，教育界许多有识之士对教师亚团体给予了充分的关注，认为这种教师亚团体是教师幸福成长的乐园。在泸师附小，也活跃着像"三角梅""科研别动队""和谐8＋1"等教师亚团体。

"和谐8＋1"是一个非常平凡的小学数学教师亚团体，团体中的教师平均年龄30多岁，都担任了小学数学的一线教学工作。我们教书育人，提升自我，过着平凡的生活。这又是一个不平凡的教师群体，我们中有数学教研员、校长、副校长、教导主任、教研大组长、数学骨干教师。之前我们以"红樟树"为名，希望像学校凤凰山上的百年红樟树那样，在阳光照耀下，在雨露滋润下，茁壮地成长。我是"红樟树"教师亚团体的发起人之一，在我们团队希望更好地深化发展之时，我们商讨聘请一名小学数学教育带头人担纲我们的指导

教师，大家都不约而同地想到了袁小平教师。袁小平老师是中小学数学正高级教师、四川省特级教师、江阳区教研培训中心小学研培室主任。1 个指导教师和 8 名在小学数学教学之路上有共同追求的年轻教师组成了教师亚团体。我们共同把"红樟树"研习组，更名为"和谐 8＋1"小学数学研习组。

我们研习组经常聚在一起谈工作、谈生活，相互之间轮流上课、听课，切磋教学技艺。为了坚持开展活动，我们搭建了研习组组织机构，共同拟定了研习组活动章程。我们经常邀请袁老师指导我们的研讨活动，九个人聚在一起促膝长谈。

袁老师对我们充满了爱护，总是很有耐心地教诲我们。他会经常来我们的课堂听课，细致做出具体的指导，在我们没有领悟时，他会亲自示范讲解给我们看。某一个知识点的突破、某一块板书的设计、某一句教学语言、某一点对学生的评价、某一个情境的创设，他都不厌其烦地进行指导。我们也刻苦学习，不断改进自己。在对教学找到新感觉，教学水平与日俱增时，袁老师又积极地为研习组团队创造了很多锻炼的机会，策划了很多活动。泸州市小学数学教研活动、泸州市小学数学骨干教师送教活动、江阳名师村校行活动、江阳区各种小学数学主题展示活动等，都有我们"和谐 8＋1"小学数学研习组的身影。

"和谐 8＋1"小学数学研习组在市区有了较高的知名度以后，袁老师又鼓励我们到区外各级学校开展送教活动，泸州市各县区学校、与泸州邻近地区的相关学校都留下了我们"和谐 8＋1"小学数学研习组的脚步。袁老师亲自参与，进行评课指导，为我们搭建了一个个锻炼与展示自己的平台，铺就了一条条崭新的教学之路，也让我们品尝到了教学的乐趣，体验到了成功的喜悦。他为我们前进的步伐注入了更大的动力。

在教学之余，袁老师还告诫我们，要想当一名优秀的小学数学教师，光上好课还不行，还要沉静下来写好文章。写作是一种提升，文句组织好了，逻辑思维才会更深刻。在他的教导下，我们开始搞大课题及微型课题研究，提笔写教育教学论文，与他一起编写教育教学的读物。文章写成后，我们把它传到袁老师的邮箱，过不了多久，袁老师就会把建议与指导意见反馈给我们。有时，我们甚至不顾他工作繁忙，直接到他办公室请教。我们的教学论文、教学设计经常在各级教育教学刊物上发表或获奖。这为我们日后的教学与研究奠定了坚实的基础，也渐渐培养了我们静下心来思考教学、提炼成果的习惯。"和谐 8＋1"小学数学研习组全体成员，在袁老师的带领下，在教育的宽阔大路上，向着教育的理想走得越来越顺畅。

在读书研究中成长

走上三尺讲台，我便强烈地感受到了自己知识上的欠缺，没有任何捷径，唯有努力学习。为了学到更多的系统知识，我参加了四川师范大学小学教育专科、教育管理本科在职学习，并获得了专科与本科文凭。为了掌握教学规律，接受新的教育思想，寻求新的突破，在教学工作之余，我努力地读书与思考。

感谢学校和各级领导对我的重视，让我每年都有外出学习、培训的机会。尤其是我入选了教育部全国中小学名校长领航工程、四川省中小学名校长培养工程后，外出学习的机会更多了。我每次到先进地方学习，都会花上几百元钱买心爱的教育教学书籍。我每年都会列出书目，制订读书计划，读教育大家专著，读中外教育史，读中外教育名著。在我学校办公桌上、客厅的茶几旁、寝室的床头柜上，都放有教育书籍与报纸杂志，随时都可以拿起来读一读。尤其在假期与周末，我流连书海，页页精读，行行品味，句句琢磨，不知疲倦，如痴如醉。

在教学与读书之余，我也不断开展教学研究，反思自己的教学行为，笔耕不辍。近年来，我在《中国教育报》《中国教师报》《中小学校长》《基础教育参考》等报纸杂志发表大量文稿。针对学校与学术团体活动开展，主持编辑了《教海扬帆》《教海回眸》《百年之路》《凤凰山》《和雅共育·自主成长》《立教留痕》《教海放歌》《培优作业》等。在各级教研部门与学校的支持下，我还主持了 10 多项各级科研课题的研究工作，获得了各级普教教学及科研成果奖。

读书与研究，是教师的一种生活，是教师的看家本领，必须融入教师的日常生活。读书与研究，让我的课堂教学与教育管理工作充满了生命活力，引领着我迈出教育人生更坚实的步伐。

感悟我的成长之路

26 年幸福的教育生活，让我成长为中小学数学正高级教师、四川省特级教师，获得了全国优秀教师、全国中小学领航名校长等市级以上荣誉近 20 项，担任了泸师附小党支部书记、校长，引领这个百年品牌名校，向教育的更高目标前进。

在中共泸州市委、泸州市人民政府召开的一次庆祝教师节座谈会上，我有幸参会并作为教师代表发言，谈谈自己教书育人的体会。我对教育有太多的感

悟，在会上我谈了自己三点深刻的体会。

第一，教育，就是要以爱育爱。

温家宝曾给北京市第二实验小学题词：以爱育爱。作为一名教师，永远怀着一颗感恩之心是我努力工作的起点，感谢党和政府的培养，感谢领导的悉心指导，感谢同事的鼎力帮助，感谢家长的大力支持，感谢可爱的学生给我带来快乐。

第二，教育，就是责任与良知。

教育承担着传承文明、泽及后代的责任，责任与良知是教育工作者的人性表达。在求学过程中我曾面临辍学困境，是我的老师们以教育的责任与良知，将我领回了校园。教育的责任与良知也牵着我走到现在，今生我也将以教育者的责任与良知鞭策自己，努力做好教育工作。

第三，教育，就是生命和谐成长。

社会的发展需要多方面推动，教育是其中巨大的推动力量。作为教师，我们应当始终走在时代前列，以忘我的教育情怀，把对素质教育的把握、对学生成长的关注，与为党育人、为国育才的责任结合起来，用教育引领新时代，促进生命与社会的和谐成长。